존 넬슨 다비의
천국의 경륜이란 무엇인가

존 넬슨 다비의
천국의 경륜이란 무엇인가

존 넬슨 다비 지음 ㅣ 이 종 수 옮김

 형제들의 집

차례

제 1장 산상설교와 천국 ·················07
제 2장 천국의 경륜 ·················42
제 3장 주의 오심과 교회의 휴거 ·················74
제 4장 아버지의 나라 ·················102
제 5장 아버지의 집 ·················119

"그 때에 의인들은 자기 아버지 나라에서
해와 같이 빛나리라."(마 13:43)

"심령이 가난한 자는 복이 있나니 천국이 그들의 것임이요 애통하는 자는 복이 있나니 그들이 위로를 받을 것임이요 온유한 자는 복이 있나니 그들이 땅을 기업으로 받을 것임이요 의에 주리고 목마른 자는 복이 있나니 그들이 배부를 것임이요 긍휼히 여기는 자는 복이 있나니 그들이 긍휼히 여김을 받을 것임이요 마음이 청결한 자는 복이 있나니 그들이 하나님을 볼 것임이요 화평하게 하는 자는 복이 있나니 그들이 하나님의 아들이라 일컬음을 받을 것임이요 의를 위하여 박해를 받은 자는 복이 있나니 천국이 그들의 것임이라 나로 말미암아 너희를 욕하고 박해하고 거짓으로 너희를 거슬러 모든 악한 말을 할 때에는 너희에게 복이 있나니 기뻐하고 즐거워하라 하늘에서 너희의 상이 큼이라."

(마 5:3-12)

산상설교와 천국
The Sermon on the Mount and the Kingdom

 마태복음 5장의 산상설교를 십계명의 율법에 적용하는 것은, 마치 십계명을 영적으로 해석하려는 것처럼 큰 잘못이다. 마태복음 5장 17-18절을 보면, 율법은 *하나의 체계로서 선지자와 동일선상에서 언급되고 있다.* "내가 율법이나 선지자를 폐하러 온 줄로 생각하지 말라 폐하러 온 것이 아니요 완전하게 하러 함이라." 예언, 예식, 그리고 율법 안에 있는 모든 것들은 제해지거나 폐지된 것이 아니라 그리스도에 의해서 성취되었다. 의심의 여지없이 주님께서 그 모든 명령과 계명을 성취하셨다. 율법은 모든 것이 성취될 때까지 보존되어 왔다. 율법은 믿음을 위해서, 그리스도 안에서 이루어졌으며, 그 실제적인 의(義)는 그리스도인을 통해서 이루어진다. 즉 로마서 8장에 들어간 그리스도인은 생명의 성령의 법을 통해서 "율법의 요구를" 이루게 된다(롬 8:4). 공생애 당시 주님의 내면적인 마음의 상태는 바리새인들의 외적이고 형식적인 의(義)와는 대조적인 특징을 띠고 있었다. 계명들 가운데 두 가지 계명만이 옛 사람에게 말한 것으로 언급되었고, 주관적인 상태가 단순히 문자의 형식적인 준행과는 대조적인 것으로 제시되었다. 하나님께 대한 의무는 마태복음에서 다루고 있지 않은 주제인데, 왜냐하면 하나님께서는 새로운 방식으로 자신을 계시하고 계셨기 때문이다. 사람은 살인하거나 자기 형제를 까닭 없이 미워해선 아니 되는데, 왜냐하면 하나님께서 그것을 예의 주시하여 보고 계시기 때문이다. 간음하는 것도 마찬가지다. 당신은 이렇게 마음의 상태를 판단하는 일을 해야 한다. 마찬가지로 구제하는 일과 그 밖의 모든 일에 있어서도, 20절에서 말씀하신 것과 같이 서기관과 바리새인보다 더 나은 의를 행해야 한다. "내가 너희에게 이르노니 *너희 의가 서기관과 바리새인보다 더 낫지 못하면 결코 천국에 들어가지 못하리라.*" 결코 율법을 영적으로 해석해선 안된다. 이미 말했듯이, 열 가지 계명 중 여덟 가지는 전혀 언급되지 않았다. 20절이 그에 대한 열쇠다. 마태복음 6장 2절, 16절을 읽어보라. 물론, 거기서 당신은 긍정적인 지침을 얻게 될 것이다.

마태복음 5장 1-16절은 천국에 들어갈 자격을 얻은 제자들의 전체적인 성격, 상태, 지위를 설명하고 있다. 17-20절은 이전 세대와 새로운 계시 사이의 관계를 설명한다. 즉 폐지하는 것이 아니라 성취하는 것이다. "내가 율법이나 선지자를 폐하러 온 줄로 생각하지 말라 폐하러 온 것이 아니요 완전하게 하려 함이라."(17절) 이 당시 제자들에게 계명들을 인간의 책임으로 받아들이도록 교훈하실 때(19, 20절)의 어려운 점은 "이 계명들 중의 지극히 작은 것 중 하나(the one of these least commandments)"였다. 여기서 기억해야 할 것은 산상설교의 모든 내용은 구속의 역사가 이루어지기 이전에 행해진 설교라는 점이며, 구속에 대한 부분은 이 설교에서는 언급되고 있지도 않다는 점이다. 다만 이러한 것은 천국에 들어가는 사람들의 특징을 말해줄 뿐이다. 반석은 곧 순종을 가리킨다. 이렇게 말하면 율법에 순종하는 것으로 오해할 수 있을 것이지만, 사실 율법을 주신 분 곧 그리스도께서 그곳에 계셨고, 그리스도는 율법을 장차 없어질 것으로 내다보셨다(고후 3:13). 이런 것이 율법에 대한 그리스도의 영적인 평가였다. 율법이 시행되는 동안 이스라엘에서 가장 연약한 사람은 천국에서도 지극히 작은 사람이었다. 초등교사에게 불순종할 뿐만 아니라 불순종을 가르치는 사람은 아버지께 순종하는 사람이 아니었으며, 복을 받는 길도 아니었고, 바리새인들이 행하는 의에도 미치지 못하는 사람이었다. 21절부터 주님은 율법을 영적으로 해석하신 것이 아니라 어느 때나 죄의 두 가지 큰 원리인, (미움의 화신인) 살인과 (부패한 정욕의 열매인) 간음을 보여주셨다.

마태복음 5장 25, 26절을 보자. "너를 고발하는 자와 함께 길에 있을 때에 급히 사화하라 그 고발하는 자가 너를 재판관에게 내어 주고 재판관이 옥리에게 내어 주어

옥에 가둘까 염려하라 진실로 네게 이르노니 네가 한 푼이라도 남김이 없이 다 갚기 전에는 결코 거기서 나오지 못하리라." 이 구절은 이스라엘의 상태를 말해준다. 두 번째에는 이혼 문제가 추가되었는데, 이제는 한 가지 경우를 제외하곤 이혼은 허용되지 않는다. 이어서 인간의 수행능력의 원리와 (눈은 눈으로, 이는 이로 갚으라는) 복수법(the law of Talion)의 순전히 인간적인 의가 판단을 받고 있다. 이제 은혜가 아버지와의 관계 때문에, 율법보다 더 높은 자리, 더 우위의 자리를 차지하고 있다. 율법과 선지자는 여호와께서 친히 이루시는 것으로 선언되었지만, 인간의 의지와 권능은 부정적인 의미로, 그리고 은혜와 주권적인 선함 가운데 계신 아버지는 긍정적인 의미로 소개되었다. 이런 것이 아들께서 온전하게 취하신 자리였으며, 정확하게는 지상에 계실 때 취하신 자리였다. 그리스도께서 힘이 없으신 것이 아니라, 자신을 위한 일은 아무것도 하지 않으셨던 것이다. 심지어 맹세하는 일도 하지 말라고 말씀하셨다. 인간 속에는 악의 두 가지 큰 원리가 작용하고 있지만, 우리는 굴복된 적이 없는 인간의 자기의 속에 잠복된 폭력성(unbroken violence of will)의 작용을 허용하는 대신, 오히려 용서를 구하는 낮은 자세와 화평을 구하면서 자신의 잘못을 인정함으로써 화목을 추구하도록 교훈하는 것을 볼 수 있다. 그리고 이것이 그 당시 유대인들의 상태에 적용되고 있었다. 그리스도께서 그곳에 계셨으며, 그들의 현재 상태에 적용된 결과가 무엇인지를 말씀하셨다. 다른 원리와 연결해서 가장 철저한 자기 판단, 즉 오른쪽 눈을 빼어 내버리고 오른 손을 찍어 내버리고, 어떤 대가를 치르더라도 순결과 거룩함을 유지하는 것이다. 죄악에 대항하여 마음의 거룩성을 유지하기 위하여 자신에게 가하는 이러한 심판은, 다른 것과 같이 거룩을 빛나게 한다. 그리고 나서 하나님과 아버지와의 관계가 소개된다. 하나님에 관해서는 유대인처럼 자발적으로 하나님께 무언가를 맹세하는 것이 아니라, 다만 하나님의 위대하심을 자각하고 또 우리가 할 수 있는 일이 아무 것도 없다는 우리의 무능력을 깨닫고, 그 앞에 엎드려야 했다. 그리하면 우리의 권리를 법적으로 유지하는 것이 아니라 오히려 "누구든지 네 오른편 뺨을 치거든 왼편도 돌려 대며"(39절), 그렇게 악에 저항하지 않는 은혜가 나타나게 되고, 이로써 아버지의 풍성한 은혜가 계시될 수 있었다. 이것은 완전한 세대의 변화(a total change of dispenstion)를 의미한다. 아버지에 의해서 보내심을 받은 성령께서 비록 (교회에게 역사하는 것처럼) 영광을 받으신 그리스도를 계시하는 것도 아니고 양자의 영으로 임하는 것도 아니지만, 아버지께서 은혜 가운데 사역하시는 아들을 통해서 완전히 계시되고 있었다. 그러므로 여기엔 복된 도덕적인 가르침 외에도, 아들 안에서 은혜의 사역을 베푸시는 아버지를 계시하는 풍성한 세대적인 진리가 있었다. 하지만 이것은 그리스도께서 지상에 계실 때 하셨던 일이었고, 이에 "내가 아버지의 이름을 그들에게 알게 하였고"(요 17:26)라고 말씀하셨다.

25절을 보자. "너를 고발하는 자와 함께 길에 있을 때에 급히 사화하라 그 고발하는 자가 너를 재판관에게 내이주고 재판관이 옥리에게 내어주어 옥에 가둘까 염려하라." 유대인들은 여호와(곧 메시아)와 함께 길에 있었고, 계명이 도덕적으로 주어졌다. 여기서 그리스도 안에서 사랑을 나타내시는 아버지의 성품이 온전히 계시되었다. 하나님 앞에서 사람의 길과 사람 앞에서 아버지에 대한 계시가 모두 그리스도 안에서 나타난 것이다.

지금까지는 주관적이었다. 하지만 이제 아버지의 이름이 소개되었고, 아버지의 이름은 마태복음 7장 12절의 끝까지 교훈의 기초였다. 신적인 생명을 가진 사람에게서 자연스럽게 나오는 긍정적인 활동(the positive activity of divine life)이 소개되고 있다. 즉 의를 행하고, 구제를 행하며, 기도하고, 금식하는 등 이 모든 것들이 아버지의 성품을 받았기 때문에 흘러나오게 된다. 향이 모두 하나님께 불살라지면, 향기로운 냄새가 하늘로 올라갈 것이다. 생명을 가진 자들은 하나님을 아버지로서 신뢰해야 하며, 보물을 땅에 쌓아 두지 말고 하늘에 쌓아 두어야 하며, 목숨을 위하여 무엇을 먹을까 무엇을 마실까 몸을 위하여 무엇을 입을까 염려하지 말아야 한다. 여기서 아버지의 이름이 주관적인 것과 연결되어 있음을 볼 수 있다. 삶의 추구하는 대상이 올바르다면, 결과는 여전히 진실하고 좋게 나타날 것이다. 이런 것이 마태복음 6장 19-34절에서 다루는 내용들이다. 지상에서 아들 안에 계신 아버지께서 계시되셨지만, 그럼에도 아버지는 하늘에 계신 분이심을 주목해야 한다. 제자들은 땅에 있는 존재이고, 또 그렇게 나타나고 있지만 그럼에도 그들의 보물을 하늘에 쌓아 두어야 하며, 그들의 삶의 목표는 전적으로 하늘에 두어야 한다. 이 문제는 결국 하나님이냐 맘몬(돈)이냐의 문제였다. 마태복음 5장 12절과 비교해보라. 이제 14-16절을 읽어보라. 그들이 세상의 빛이라면, 아버지의 이름이 개입하게 된다. 이것은 은혜를 말해준다. 반면 13절은 책임을 가리키며, 책임의 문제를 다룬다. (여기서 주목할 것은 땅의 소금으로서 소임을 다하고 또 사랑으로 땅에게 빛을 비추는 일을 하면서도 여전히 - 성막과 진 사이의 거리가 상당히 멀었지만 그럼에도 - 여호수아처럼 회막에 머물면서 또한 모세와 함께 진으로 들어가는 일을 꾸준히 감당하는 것이 현재적인 어려움이란 사실을 보여준다. 하지만 우리가 해야 할 일이 이런 것이나.) 10절과 11, 12절, 그리고 그 앞에 있는 9절과의 차이점을 비교해 보라. 그러면 우리는 6장에서 보상을 받게 될 것이다.

마태복음 7장은 이전 장처럼, 책임과 자기 판단이란 주제를 다룬다. 자신은 안 그런 척 위선적으로 행동하는 것을 버리고, 다른 사람들을 비판하는 일을 멈추어야 한다. 세속적이고 또 아무 개념도 없는 사람들에게 은혜와 진리에 속한 풍부한 축복을 증거하는 일을 해선 안된다. 이 모든 것은 구속에 관한 메시지가 아니다. 아버지 속에 있는 은혜가 이 가르침을 종결한다. 나머지는 자신을 속이는 일을 하거나 또는 거짓 선지자에게 속지 말라는 경고들로 이루어져 있다. 순종이 견고한 토대이며 참된 지혜로 제시되었다. 이제 우리 앞에 좁은 문과 좁은 길이 놓여 있다. 요약하면, 그 시대에 속했던 이 강론은 (여기에 우리에게도 해당하는 교훈이 무엇인지와는 상관없이) 하나님의 마음에 합한 사람으로, 또한 아버지의 아들로서 그리스도가 어떤 분이신지를 보여주려는 것이었으며, 제자들은 그렇게 행하라는 부르심을 받았던 것이다. 이 강론은 구속의 진리나 죄인들에 대한 사랑을 다루고 있지 않고, 다만 그 시대에 특별히 진행되고 있었던 책임의 문제와 아버지의 이름과 은혜를 드러내고 있었던 것이다. 이 모든 것들은 땅에 속한 백성들과 관계가 있었다. 다른 사람이 나에게 해주기를 바라는 대로 너희가 다른 사람에게 행하고, 은혜를 베풀고, 이웃을 자기 자신처럼 사랑해야 했다. 이것이 곧 율법이요 선지자였다(this is the law and the prophets). 이것은 그들이 합당하게 여기는 것이 아니었던가? 그러나 율법만이 "이것"에 해당했다. 그런 것이 율법의 참된 성격이기 때문이다. 그리고 선지자들은 이것에 해당하지 않고, 다만 말씀과 일치를 이룰 뿐이었다. 하나님은 하늘에 계시지만, 보상은 땅에 있었다. 만일 우리가 땅에 오신 그분을 위하여 고난을 받는다면, 상급을 받게 될 것이다. 하나님이 땅에 계셨는데, 곧 지상에 인자로서 계셨던 것이다.

그래서 기도가 필요했다. 기도는 그리스도의 사역의 핵심이었으며, 그리스도의 마음이 이 땅에 펼쳐지기 위한 준비였다. 이것은 진실한 남은 자와 연결되어 있었고 또한 아버지와 연결되어 있었다.

산상설교가 어떻게 구분되어 있는지가 나에겐 선명하게 보인다. 산상설교는 분명히 천국에 적합한 특징들과 권능으로 왕국이 설립될 것을 기다리는 사람들이 처한 상황들과 마음의 의무들을 진술하고 있다. 마태복음 5장 1-16절에는 천국에 속한 사람들의 특징과 누가 천국에 들어갈 것인지, 심지어 핍박을 받으면 하늘에서 상급을 받게 될 것이란 메시지가 제시되어 있다. 이것은 세대의 변화가 일어났음을 말해준다. 천국은 이 세대가 아니라 오는 세대에서 실현될 것이다. 17-37절은 새것과 옛것의 상호 관계와 율법에 의해서 작용하는 정신과 율법 자체와의 연결성을 보여준다. 계속해서 본성 속에 자리 잡고 있는 강력한 원리로서 죄성과 폭력과 부패의 문제, 하나님의 능력, 그리고 그 능력과 연관해서 우리의 아무 것도 할 수 없는 무능성과 그렇기 때문에 죄에 굴복할 수밖에 없는 무기력함에 대해서 교훈한다. 38-48절은 악 가운데서 선을 행하는 것과 이중적으로 나타난 지상에서의 그리스도의 삶, 즉 악에 저항하지 않고, 은혜를 베푸시는 영성을 교훈한다. 이런 것이 지상에 임하신 그리스도를 통해서 나타나신 하나님의 모습이었다. 이것으로 한 부분이 막을 내린다.

마태복음 6장 1-34절은 사람의 눈에 보이지 않는 것, 즉 동기의 순결함에 대해서 교훈한다. 구제, 기도, 그리고 금식 등. 이 모든 것은 하나님 앞에서 행해야 하는 경건한 삶을 이루는 요소들이다. 게다가 이 세상의 선(善)은 동기를 문제 삼지 않는다. 하지만 하늘에 속한 선(善)은 다르다. 하늘에 속한 선은 오직 하나님을 신뢰하는 믿음에서 나와야 한다. 그러므로 우리는 하나님과 재물을 겸하여 섬길 수 없으며, 목숨을 위하여 무엇을 먹을까 무엇을 마실까 몸을 위하여 무엇을 입을까 염려해선 안된다. 우리는 두 주인을 섬길 수 없으며, 오직 하나님을 신뢰해야 하며, 먼저 하나님의 나라와 그분의 의(義)를 구해야 한다. 마태복음 6장은 1-18절과 19-34절로 구분된다.

마태복음 7장은 일반적인 교훈들, 지침들, 그리고 경고들을 제시한다. 이제 주목해야 할 것은 아버지의 이름이 소개되고 있다는 점이다. 은혜가 예수 안에서 나타났던 것처럼 아버지 안에 있는 은혜의 선함이 소개되고 있다. 마태복음 5장 45절을 보라. "이같이 한즉 하늘에 계신 너희 아버지의 아들이 되리니 이는 하나님이 그 해를 악인과 선인에게 비추시며 비를 의로운 자와 불의한 자에게 내려주심이라." 37절 앞부분까지 처음 몇 가지 특징들이 제시된 이후부터는 유대인들에게 주어진 옛 체계와는 전적으로 대조적인 특징적인 모습들이 소개되었다. 결과적으로 옛 상태에서 계명을 준행하는 사람들은 천국에서 작은 자가 될 것이다. 이것은 도덕적인 측면이지 은혜의 측면은 아니다. 율법과 선지자들은 여호와께서 주신 것들이었고, 여호와께 속한 것들이었지만, 이제 그러한 것들이 가리키고 있었던 모든 것들이 성취되기 직전에 있었다. 이러한 유대적인 측면이 25절에 잘 나타나 있다. 그들이 기대했던 대로, 그들은 하나의 세대에서 다른 세대로 전환되는 시기에 있었다. 하지만 마태복음 5장 43, 45절부터는 모든 것이 아버지와 연결되어 있다.

1874년에 발견했던 것보다 나는 지금 더 많은 것을 보고 있다. 마태복음 5장 1-16절은 천국 백성이 된 사람들의 성격과 자리를 보여준다. 그리고 나서 끝부분에 아버지께서 소개되고 있다. 17-37절은 "옛 사람에게 말한 것"과는 대조적인 새로운 원칙들을 소개한다. 38-48절은 지상에 있는 인자이자 또한 아버지를 계시하고 있는 그리스도의 이중적인 특징을 말해준다. 그러므로 43절은 충만한 은혜를 보여준다. 이제 아버지께서는 은혜를 베풀기 시작하시며, 모든 것이 아버지와의 관계에서 나온다. 이제 그리스도 안에서 계시된 아버지에 대한 언급이 나온다. 종교적인 의무들은 의(義, 디카이오수네, righteousness)를 이루는 수단이다. 마태복음 7장은 특별한 관계들이 아니라 일반적인 관계를 제시하며, 행실의 진실성과 열매를 통한 분별을 가르친다. 진실한 행실은 아버지와의 관계를 통해서 나온다.

마태복음 5장 끝의 성격은 매우 중요하다. 천국에 합당한 주관적인 상태와 정신, 자기의를 내려놓을 것과 파쇄된 일이 없는 자아에 대해서 강론하신 후, 그리스도께서는 율법의 원리를 가지고서 (눈은 눈으로 이는 이로 갚으라는) 복수법을 내세움으로써 복수를 향한 감정을 억누르게 하고, 악을 다룬다. 그리고 나서 그리스도께서 악의 한 가운데로 들어오심으로 알려진 중대한 원리를 소개한다. 즉 악보다 한 차원 더 높은 선을 행하는 것이며, 악의 한 가운데서 악을 충분히 인지하면서도 선을 행하는 것이다. 어찌 보면 이렇게 행하는 일은 자아를 역행하는 일이긴 하지만 그럼에도 더욱 숭고한 도덕률을 가지고, 선을 모든 행실의 동기로 삼고서 행하는 것이다. 사실 하나님이 이렇게 행하신다. 바로 여기에 하나님께로부터 난 사람 여부가 갈린다. 하나님께로부터 난 사람들만이 그리스도와 연결된 사람이다. 이제 완전히 새로운 원리로서 "하늘에 계신 너희 아버지의 온전하심과 같이"가 소개되고 있다. 거듭난 사람은 하나님 아버지를 닮아야 한다. 이것이 그리스도께서 걸어가신 완전(完全)의 길이었다. 이것은 참으로 경이로운 특권이며, "온전하라(perfect)"*는 말씀이 무슨 의미인지를 보여주는 것이었다. 이 완전은 악에 의해선 결코 도달할 수 없는 것이었다. 사실 악은 어느 정도는 우리에게서 선을 이끌어내는 작용을 하긴 한다. 그럼에도 완전에 이르는 것은 이 세상에서 전적으로 새로운 길을 만들고, 신성한 길을 만드는 것이었다. 그렇지만 정의의 관점에서 이것은 의(義)를 이루는 일도 아니었고, 우리 자신을 하나님께 바치는 일도 아니었으며, 다만 우리가 살아가는 삶의 현장에서 하나님과 같이 온전하게 되는 것일 뿐이었다. 우리가 들어가야 하는 자리는 얼마나 놀라운 자리인 것인가! 그렇지만 이것 자체가 거룩이 아니며(물론 넓은 의미에선 거룩으로 나아가는 길이긴 하다. 데살로니가전서 4장을 보라), 내적인 순결도 아니다. 다만 악과 자아 보다 더 고차원적인 선(善)을 행하는 문제다. 그런 것이 하나님 곧 우리 아버지의 성품이기 때문이다. 악은 이러한 선의 역사를 방해하고 불가능한 일로 만든다. 그럼에도 이것은 악의 한 가운데서 선을 행하는 문제다. "너희 원수를 사랑하며 너희를 핍박하는 자를 위하여 기도하는" 일은 선 가운데서도 선을 행하는 일이며, 하늘에 속한 행실이다. (이렇게 할 수 있는 것은 분명 구속의 결과이며, 구속의 역사가 산출하는 최고의 특징이다. 이로써 십자가를 통해서 선과 악이 무엇인지 알게 되었다. 십자가는 절대적으로 완벽하게 이 문제를 밝히 알게끔 해주었다.) 선 가운데 거하면서 선을 행하는 일, 이것이 모든 것을 이기고 승리하는 비결이다. 선에 흠뻑 적셔진 삶, 이것이 가능하게 되었다. 이런 것이 은혜의 작용이다. 악보다 더 차원

높은 것이 선이다.

> * 역자 주: 온전하라 또는 완전하라(perfect)이란 명령은 천국의 경륜에 있어서 매우 중요한 요소다. 마태복음 5장 48절, 누가복음 6장 35절, 히브리서 6장 2절 등은 단지 거듭나 하나님의 자녀가 되는데 머물거나 안주하는 것이 아니라 제자도를 실천함으로써 지극히 높으신 이의 "아들들"(sons, 다비역)이 되는 영성에 도달해야 함을 강조하고 있고 또 교훈하고 있다. 아들들이 된 사람들은 천국에서 그리스도와 더불어 공동 왕으로서 통치하게 될 것이기 때문이다(마 13:43, 19:28, 25:21, 23, 계 20:6).

17절과 18절은 우리의 행실이 좋든 나쁘든 상관없이 우리의 행실을 통해서 율법을 이루는 일과는 아무 관계가 없음을 선명하게 말해준다. 선지자의 경우 "완전하게 한다(fulfil)"는 의미가 무엇이든, 완전하게 한다는 것은 율법에 대한 것이다. 18절은 이전 구절의 구조보다 그런 의미를 더욱 강화하는 의미와 연결되어 있다. 예수 그리스도는 이전 세대의 하나님의 계시들을 제쳐두려고 오신 것이 아니라 성취하고자 오셨다. 그런 것들은 영구적인 것은 아닐지라도 하나님의 증거였기에, 무효화될 수 없었다. 하나님의 의가 율법과는 완전히 별개로 계시되었으며, 그것은 율법과 선지자들에 의해서 증거되었던 것이었다. 율법과 선지자들이 하나님이 하실 일에 대해서 무엇을 증거했던지, 그리스도는 자신과 관련된 모든 것을 다 이루셨다. 물론 율법과 선지자들의 증거가 다 이루어진 것은 아니다. 하나님의 증거 가운데 일점 일획도 무효화되지 않을 것이며, 모든 것이 다 이루어질 것이다. 과연 내가 선지자들의 예언을 완전하게 해야 하는 것인가? 여기서 완전하게 한다는 말은 선지자의 증거 뿐만 아니라 율법의 증거를 포함하고 있다. 성취되는 것이 무엇이든 간에, 그것은 여기서 그리스도께서 행하신 일을 통해서 완전하게 이루어질 것이다. 율법의 의는 우리 안에서 성취된다. 왜냐하면 우리는 율법 아래에 있지 않고, 율법의 의는 성령을 따라 행하는 자에게서 이루어지기 때문이다.

남은 자들은 산상설교를 그렇게 받아들였을 것이며, 마태복음 10장도 그 당시 제시된 대로 천국에 그대로 적용되었고, 제자들도 그렇게 부르심을 받았을 것이다. 하지만 이 시기는 예루살렘의 멸망으로 끝났다. *이 천국계획은 종말에 가서 수정된 형태로 다시 시작될 것이며*, 의심의 여지없이, 그들은 그 당시 "우리를 시험에 들게 하지 마시옵고"라고 기도할 수 없었지만, 앞으로는 그렇게 기도하게 될 것이다. 왜냐하면 그들은 시험에 들어가게 될 것이기 때문이다. 그들은 이미 재판관에게 넘겨졌다. 지금처럼 여호와께서 장차 그들과 함께 길에 있을 것이며, 그들은 급히 화해해야 할 것이다. 의심의 여지없이 이 일은 원칙적으로 (우리를 포함해서) 그들에게도 적용될 것이지만, 직접적인 적용은 남은 자들에게서 이루어질 것이다. 다만 그때 인자가 거절됨으로써 천국의 실현은 중단되었으며, 그 사이에 교회가 들어오게 된 것이다.

마태복음 9장 뿐만 아니라 마태복음 12장에도 일종의 종결(a closing)이 있다. 그리고 마태복음 10장을 주목해 보면, 성령께서 제자들 속에서 말씀하시는 분으로 언급되고 있다. 그러나 제자들의 사명이 마태복음 10장 15절과 16절 사이에서 나누어진다. 마태복음 11장과 12장은 이스라엘을 향해 증거한 결과, 거절을 당하는 상황을 좀 더 상세히 설명한다. 그리고 새로운 상황이 펼쳐지게 된다. 즉 아들의 소원대로 계시를 받아 아버지를 아는 사람들이 생기고, 자비를 원하고 제사를 원하지 아니하시는 인자는 안식일의 주인이심이 소개되며, 깨끗하게 청소된 집에 더 악한 귀신 일곱이 들어가는 일 등이 소개되고 있다. 마태복음 10장 끝까지를 보면, 우리는 은혜 가운데 계신 그리스도와 심지어 그분이 떠나가신 이후에 전개되는 제자들의 사명, 그리고 이러한 상황이 끝까지 이어지게 될 것이 소개되고 있음을 볼 수 있다. 심지어 바리새인들의 신성 모독적인 발언에도 불구하고, 주님은 추수를 위하여 "추수하는 주인에게 청하여 추수할 일꾼들을 보내어 주소서"(마 9:38)라고 기도하라고 말씀하셨다. 주님은 죽은 야이로의 딸(이스라엘)을 다시 살리셨을 뿐만 아니라, 그분의 겉옷을 만지기만 해도 나음을 받을 것이라는 믿음을 가진 여인(이방인)을 길을 가는 도중에 치유해주셨다. 이러한 일의 결과가 그 나라의 본 자손들은 쫓겨나고(마 8:11,12) 또 돼지들이 바다에 들어가서 물에서 몰사하는 일(마 8:31,32)을 초래했지만, 그럼에도 이러한 직접적인 섭리와 그분의 가르침의 주제는 은혜였다. 즉 이스라엘보다 더 큰 믿음을 가진 이방인들이 복을 받고 또한 군대 귀신들린 자가 치유를 받은 것이었다.

마태복음 11장과 12장을 보면, 도끼가 나무뿌리에 놓여 있다. 애통하는 일과 피리를 부는 일이 있었다. 하지만 "피리를 불어도 그들은 춤추지 않았고, 슬피 울어도 그들은 가슴을 치지 아니했다." 마태복음 10장에서는 은혜가 이스라엘에게 계속해서 주어졌다. 마태복음 11장에서는 은혜 가운데 아들의 위격을 입으신 그리스도께서 섬기는 자리를 취하시고, 자신의 소원대로 원하는 자들에게 아버지를 계시하는 일을 하셨다. 그리고 마태복음 12장에서는 이스라엘에게 최종적인 판결이 내려지는데, 왜냐하면 요나보다 또한 솔로몬보다 더 크신 이가 거기에 계셨지만 아무도 듣고 회개하고자 하지 않았기 때문이다. 그리스도께서는 육신의 혈육에 속한 이스라엘과의 관계는 부정하셨고, 말씀을 통해서 거듭난 제자들만 인정하셨다. 마태복음의 이러한 발전은 매우 충격적이다. 천국에 합당한 특성과 천국에 들어갈 수 있는 사람을 정의하는 산상설교를 하시고, 아버지의 이름을 제자들에게 계시하신 후, 우리는 마태복음 8장에서 여호와께서 나병환자에게 손을 내밀어 그를 깨끗케하시는 모습을 볼 수 있다. 참으로 놀라운 증거였다. 그리고 나서 그 나라의 본 자손들은 쫓겨나고 이방인들이 천국에 들어가는 충격적인 장면이 소개된다(마 8:11,12). 이미 언급했듯이, 주제는 여전히 (오직 믿음을 위하여 예비된) 은혜다. 그리고 나서 여호와께서, 인자로서, 우리의 연약한 것을 친히 담당하시고 병을 짊어지신 것(마 8:17)과 또한 인자는 머리 둘 곳이 없으시다는 사실(마 8:20)이 소개되고 있다. 죽은 자들로 그들의 죽은 자들을 장사하게 하고, 오로지 그리스도를 따라야 하는 제자의 도를 설명하셨고, 이어서 제자들이 주님과 함께 배를 타고 가는 중에 바다에 큰 놀이 일어나 물결이 배에 덮이게 되었고, 주님은 주무시고 계셨으며(사람의 눈에는 잠든 것처럼 보였다) 제자들은 주님과 한 배를 타고 있었으나 두려움에 떨었다. 그러자 말씀 한 마디로 사탄의 권세를 잠재우셨다. "곧 일어나사 바람과 바다를 꾸짖으시니 아주 잔잔하게 되거늘."(마 8:26) 귀신들이 들어간 돼지 떼(이스라엘)의 파멸과 그리스도를 빨리 내쫓으려는 세상의 모습이 그려

져 있다. 전체적인 그림은 은혜 가운데 계신 그리스도였다.

  마태복음 9장에서, 우리는 그리스도의 사명의 특징을 볼 수 있다. 그리스도는 시편 103편의 여호와셨다. 그래서 이스라엘이 (우리 또한) 원했던 죄 사함과 치유를 베푸시는 분으로 소개되고 있다. 하지만 새 포도주는 낡은 가죽 부대에 담을 수 없었다. 모든 것이 은혜였지만 이스라엘은 거절했다. 이스라엘은 그러한 은혜를 받을 수 없었다. 그리스도는 죄인을 부르러 오셨다. 우리는 그리스도께서 실제로 이스라엘을 일으키고자 오신 것을 볼 수 있다. 믿음을 가진 사람들은 길을 가는 도중에 치유되었다. 그리스도는 여전히 목자 없는 양과 같은 이스라엘을 보시고 불쌍히 여기셨으며, 앞서 말한 대로, 추수하는 주인에게 청하여 추수할 일꾼들을 보내어 달라고 기도하라고 말씀하셨다. 지금 나의 목적은 이 모든 섭리 가운데서 작용하는 은혜에 주목하는 것이다. 비록 은혜의 작용이 있을지라도 불신앙은 심판을 초래할 수밖에 없다.

마태복음 11장에서 그리스도는 여호와셨고, 거기서 그분은 자신에 대한 증거를 제시함으로써 세례 요한을 시험하셨다. 이제 새로운 계획과 심판이 시작되었다. 율법과 선지자는 요한까지 존재하는 것이었고, 천국이 세워질 예정이었다. 그리고 침노하는 믿음을 가진 사람만이 천국에 들어갈 수 있었다. 만일 그들이 받을 수 있었다면, 오리라고 약속된 엘리야가 바로 요한이었다. 요한은 애통했지만 그들은 가슴을 치며 슬퍼하지 않았다. 그는 피리를 불었지만 그들은 춤추지 않았다. 결국 요한은 죽음 속에 던져졌다. 그리스도께서는 권능을 가장 많이 베푸신 도시들이 회개하지 않았기 때문에 그들을 책망하셨고, 그리스도에게로 와서 안식을 얻고 또 온유하고 겸손하신 그리스도의 멍에를 멘 사람들에겐 아버지를 계시하셨다. "내 아버지께서 모든 것을 내게 주셨으니 아버지 외에는 아들을 아는 자가 없고 아들과 또 아들의 소원대로 계시를 받는 자 외에는 아버지를 아는 자가 없느니라 수고하고 무거운 짐 진 자들아 다 내게로 오라 내가 너희를 쉬게 하리라 나는 마음이 온유하고 겸손하니 나의 멍에를 메고 내게 배우라 그리하면 너희 마음이 쉼을

얻으리니 이는 내 멍에는 쉽고 내 짐은 가벼움이라 하시니라." (마 11:27-30)

    주님은 안식일의 주인이시고, 오래 참으시는 은혜 가운데서 그들을 대하셨지만, 그분께서 심판을 이방인들에게 알게 하실 때까지는 언약의 회복은 있을 수 없었다. 성령을 모독하는 일이 일어났고, 그 세대에 대한 전적인 심판이 선언되었다. 마태복음 11장을 보면, 우리는 거기서 심판이 선포되었고, 그 세대가 귀머거리 되었으며, 아버지와 아들께서 현재의 천국사역을 대체하기 위해서 소개되고 있는 것을 볼 수 있다. 마태복음 12장을 보면, 그리스도는 인자로서 옛 언약보다 더 크신 분이시며, 성령을 모독한 죄로 인해서 그 이스라엘 세대가 심판에 떨어지게 되고, 이로써 이스라엘은 이전 우상숭배를 했을 때보다 더 악한 귀신 일곱이 들어가 거함으로써 전보다 형편이 더욱 심하게 되는 심판을 받게 된다. 오직 말씀을 받은 사람들만이 그리스도의 형제로 인정을 받는다. 그리스도는 이제 이스라엘의 메시아도 아니고, 또한 자신의 포도원에서 열매를 구하는 여호와도 아니라, 신성한 말씀이시다. 여기에서도 아버지와 아들이 순수한 은혜를 통해서 말씀을 제공하신다는 점에 주목하라. 천국이 세워질 때에는 책임의 문제가 개입된다. 그런즉 심판은 이스라엘에 대한 심판과 마찬가지로 마지막에 책임에 대한 심판으로 적용될 것이다.

하나님의 나라가 지상에서 그리스도의 위격과 능력을 통해서 제시되었다. 천국이 금방 임할 것처럼 제시되었다. *천국의 자녀들, 심령이 가난한 사람들, 회심한 사람들, 어린 아이와 같이 된 사람들 속에는 하늘에 속한 성품과 하늘의 통치가 시작되며, 그 결과 의를 위하여 기꺼이 박해를 받는다.* 그리스도께서 거절당하심으로써, 천국은 이러 저러한 모습을 띠게 되었고, 원수가 가라지를 덧뿌렸을 뿐만 아니라 어부의 그물 속에는 각종 물고기들이 잡혔다. 그러나 좋은 씨만이 천국의 자녀들이었고, 그물을 친 목적은 좋은 물고기를 잡으려는 것이었다. 그 다음으로, 인자의 왕국이 그리스도께서 오셔서 이 땅에 그분의 권능의 보좌에 앉으실 때 세워질 것이다. 아버지의 나라는 *천국의* 하늘에 속한 부분이며, 모든 것의 근원이다. 따라서 주기도문과 가라지의 비유를 설명하신 것은 이 마지막 두 가지를 설명하려는 것이었다. 그 때에 그리스도께서는 포도주를 아버지의 나라에서 새 것으로 마실 것이며, 자신의 동류들과 함께 기쁨을 누리실 것이다. 이제 그리스도의 유일한 관심은 좋은 씨다. 그리스도에 의해서 회심하지 않은 사람은 천국에 들어갈 수 없다. 천국에 들어가는 사람들은 서기관과 바리새인의 의보다 훨씬 나은 의를 가지고 있다. 그리스도께서 이스라엘 중에서 알곡은 모아 곳간에 들이실 때, 그리스도의 손에는 키가 들려 있었다. 이렇게 가까이 왔던 천국에 대한 증거는 마태복음 10장과 같이 이방인들에게 한 것이 아니라, 이스라엘에게 한 것이었다. 제자들은 천국 복음을 가지고 이방인들에게 가선 아니되었다. 이스라엘이 심판을 받았을 때, 씨를 뿌리는 자와 마태복음 13장에 나오는 다른 비유들은 이스라엘 영역을 넘어 세상으로 나갈 수 있게 되었다.

이제 천국에서 누가 가장 큰 사람인가를 살펴보자. 이 주제는 마태복음 5장에서, 하늘에서 상을 받는 것을 말씀하실 때에는 전혀 언급되지 않은 별도의 주제였다. 한 가지 유념할 것은, (장래의) 천국에서는 극히 작은 자라도 세례 요한보다 클 뿐만 아니라(마 11:11) 그리스도의 자리에서 풍성한 복을 누릴 것이란 점이다.

산상설교는 마태복음 10장과 24장을 연결해서 생각해 볼 때 매우 흥미롭다. 첫 번째 마태복음 10장과 24장은, 그들이 그리스도를 위해 미움을 받는다고 말할 때(마 10:22, 24:9), 대환난 기간의 마지막 3년 반 동안에 받게 되는 박해를 말하는 것이 아니라, 그리스도께서 함께 계실 때부터 전파해야 했던 복음의 사명을 말하고 있으며, 그리스도께서 하늘로 올라가신 이후에도 계속해서 증거해야만 할 뿐만 아니라 이스라엘을 넘어서 모든 민족에게로 가야만 했던 *천국 복음*을 가리킨다. 마태복음 10장에서 천국 복음은 이스라엘에게만 적용되었으며, 이스라엘 집의 잃어버린 양에게만 전파되어야 했다. 제자들은 이방인이나 또는 사마리아 사람들에게로 가선 아니 되었다. 그들은 마태복음의 증거라는 토대 위에 있었다. 아버지의 이름이 제자들에게 계시되었으며, 천국이 가까이 왔다고 전파하도록 예수의 보내심을 받았다. 이방인들의 왕들과 통치자들 앞에 끌려갔을 때에만, 그들 아버지의 성령께서 그들을 도우실 것이란 사실이 추가되었다. 천국 복음을 전파하는 사역은 적대적인 눈으로 바라보는 이방나라 사람들 가운데서, 그들 앞에서 계속되어야만 했다. 그들은 다니엘서 12장 3절에서 말하고 있는, "많은 사람을 옳은 데로 돌아오게 하는 자", 곧 마스킬림(Maschilim)*이며, 천국의 제자가 된 사람들(the instructed)이다. 이것은 구속의 메시지를 전파하는 것이나 또는 현재 시대에 우리가 복음이라고 부르는 것을 전파하는 것이 아니라, 다만 천국이 가까이 왔음을 선포하는 것일 뿐이다. 이것은 그리스도께서 완성하신 구속의 역사를 증거하는 것도 아니고, 보혜사로서 보내심을 받은 성령의 사역도 아니다. 그렇지만 아버지의 영으로 보내심을 받게 되면, 성령께서는 그런 식으로 역사하실 것이다. 그리스도께서 이 땅에 계실 때 아버지의 이름을 계시하셨던 것처럼, 제자들은 아버지의 이름을 계시 받게 되고 그 계시 안에 머물게 될 것이며, 또한 그들의 아버지의 영께서 그들 속에서 말씀하실 것이다. 이것은 시편

1편과 2편을 믿음으로 받아들인 사람이 세상을 향해 증거해야 하는 증언이며, 또한 세상에서 들어간 의인의 지위다. 그들은 끝까지 견뎌야 한다. 그들은 인자가 올 때까지 최선을 다해 자신이 맡은 소임을 다해야 한다. 이로써 우리는 시편 8편에 이르게 된다. 이 증언의 메시지는 인자가 고난을 당하신 일에 토대를 두고 있지 않다. 비록 대부분의 증언이 십자가 사건 이후에 진행되었고, 그들 모두를 시련에 처하게 했지만, 그들은 적대적이고 사악한 이스라엘 민족과 비뚤어지고 반역적인 이방인들에게서 고통을 당하는 남은 자들이다. 그들은 인자의 오심을 바라보는 사람들이다. 하나님은 그분 자신을 위해 그들을 강하게 하실 것이다. 반면 이스라엘에 대해선 "이후에 인자가 권능의 우편에 앉아 있는 것과 하늘 구름을 타고 오는 것을 너희가 보리라"(마 26:64)고 말씀하셨다. 그들은 이스라엘 집의 잃어버린 양을 위하여 천국 복음을 전파하게 될 것이다. 그들의 사역의 현장은 예루살렘이 아니라, 온 세상이 될 것이다.

 * 역자 주 : 마스킬림이란 의(義)를 실천하면서 가르치는 사람이라는 뜻이다. 여호와의 율법을 즐거워하며 그 율법

을 주야로 묵상하면서 하나님의 백성을 의의 길로 인도하며, 의인들의 길을 걷도록 격려하는 사람이다. 혹시라도 의의 길을 저버리고 악인들의 길을 걷는 사람이 있다면 의의 길로 돌아오게 하는 사람이며, 이런 일을 하는 사람은 별과 같이 영원토록 빛날 것이다(단 12:3).

마태복음 24장을 보면, 예루살렘이 확실히 주제의 중심이다. 예루살렘은 황폐하여 버려지게 될 것이며, "찬송하리로다 주의 이름으로 오시는 이여"라고 말할 때까지, 그리스도를 다시 보지 못할 것이다(마 23:38,39). 여기서 우리는 인자가 아니라, 건축자들이 버린 돌이 모퉁이의 머릿돌이 되는 것을 볼 수 있다. 그러므로 제자들은 고난을 당할 것이며, 처음부터 거짓 그리스도들이 등장할 것이다. 비록 그렇게 생각할 수도 있지만 이것은 교회의 증언은 아니다. 그들은 그리스도의 이름 때문에 시련을 당하게 될 것이다. 그리고 이 천국 복음이 모든 민족에게 증언되기 위하여 온 세상에 전파될 것이며, 그 때에 이 시대의 끝이 올 것이다(마 24:14). 그 때에 다니엘서에서 언급되고 있는 3년 반이라는 특정한 시기가 있을 것인데, 그 기간 동안 예루살렘은 멸망의 가증한 것이 세워짐으로써 특별한 박해를 받게 될 것이다. 유대에 있는 사람들은 산으로 도망쳐야 한다. 이 시기는 인자가 오면서 끝나게 될 것이다. 전체 유대가 경고의 대상이며, 멸망의 가증한 것이 예루살렘에 세워지는 것이 사건의 발단이 될 것이다. 14절에 이르기까지 이 상황이 계속될 것이다. 이어지는 내용은 좀 특별하다. 대환난은 예루살렘에만 국한된 것은 아니지만, 그 초점이 유대에 있음이 암시되어 있다. 모든 민족에게 전파된다는 사실이 끝을 알리는 유일한 표지다.

마태복음 5-7장에서, 우리는 남은 자의 성격에 관한 몇 가지 요소들을 살펴보았다. 이것은 종종 언급되듯이, 천국에 들어갈 수 있는 자격을 부여해주는 특징이다. 여기서 우리는 그리스도를 위해 고난을 받고 또 순교한 남은 자들이 천국에 들어가는 것을 볼 수 있다. 아버지의 이름이 계시되었고, 구속(redcmption)은 전혀 가르쳐지고 있지 않다. 그 당시 이스라엘이 처해 있던 상황이 25절과 26절에서 짧지만 선명하게 설명되고 있다. 율법과 선지자는 폐기되지 않았다. 제자들은 이스라엘 땅에서는 소금이고, 세상에서는 빛이다. 마태복음 10장에서와 같이, 여기엔 마지막 시련이 없다. 이것은 마태복음 24장에서조차도 별개의 문제이다. 주기도문은 시련의 시기에 적합한 기도다. 이 기도는 그 날까지 지속될 것이다. 마태복음 7장 22-23절을 보라. 거짓 선지자들을 경계하라는 경고가 주어졌지만, 그들은 충분히 도덕적으로 분별가능하다. 그들은 그 날에 아버지의 뜻을 행했느냐는 기준에 따라서 심판을 받게 될 것이다. 그러므로 우리는 여기서 인자(the Son of man)의 은혜를 볼 수 없다. 왜냐하면 여기서의 주제는 천국에 도덕적으로 적합한 것이 무엇인가와 그 날에 그리스도에게서 거절당하지 않는데 있기 때문이다. 그리스도께서는 현재적인 사안으로서, 천국의 원리에 대한 교리를 제시하고 있었고, 오직 그리스도만이 그에 합당한 결과들을 가져오실 수 있었다. 교회와 천국, 양자에 대한 변화를 언급했음에도, (교회는 그리스도께서 공개적으로 가르치셨던 주제가 아니라, 특별한 계시에 의해서 제자들에게 가르치셨던 주제였다) 마태는 계속해서 유대인의 입장을 유지하고 있다는 사실을 주목할 필요가 있다. 따라서 하늘에 올라가는 것은 전혀 고려되고 있지 않았다.

여호와 그들의 메시아께서 선지자로서 그곳에 계셨다. 천국 복음은 이방인들에게까지 전파될 것이며(마 8:11), 이방인들도 천국에 들어가게 될 것이었다. 인자는 머리를 둘 곳이 없었다. 그리스도는 제자들과 함께 고난을 겪고 계셨으며, (마태복음 13장을 보면, 열매를 기대하지 않고 씨를 뿌리셨고) 이스라엘에서 가난한 사람들에게 빵을 주어 배부르게 하셨던 분께서 결국 거절당하셨다. 이스라엘 민족은 자기 민족의 통치자를 심판하는 일을 했다. 이제 하나님께서는 남은 자들에게 복을 주신다. 남은 자들은 하나님의 본성에서 흘러나오는 대로 필연적으로 복을 받게 되었고, 하나님의 완전하심을 따라서 복을 받게 되었다. 그리고 나서 마태복음 16장을 보면, 이스라엘 민족은 실제적으로 심판을 받게 되고, 이로써 교회가 등장하게 된다.

천국의 경륜
The Dispensation of the Kingdom of Heaven

나는 마태복음 13장 또는 많은 사람들이 이해하는데 어려움을 겪고 있는, "천국의 비유(the mysteries of the kingdom of heaven)"를 이루고 있는 일련의 비유들에 대해서 살펴보고자 한다. 이렇게 어려움을 느끼는 이유는 개인의 영성의 부족 때문에 생겨나는 개인적인 감정에서 나오는 것이라기보다는 그 비유들 안에 담겨 있는 신성한 지혜의 광대함과 넓은 범위 때문일 수가 있다. 이런 지혜는 전체적인 하나님의 경륜을 퍼즐처럼 한 조각씩 맞추어감에 따라서 전체적인 그림이 나타나는 것과 같다. 그러므로 이러한 신적인 지혜는 단순히 여러 구절들을 모은다고 해서 얻을 수 있는 것이 아니라 성경 전체에 계시되어 있는 하나님의 마음을 이해하고, 그 하나님의 마음을 성경에 영적으로 적용하시는 성령의 손길을 감지하는데서 얻을 수 있다. 그럼에도 신자로서 우리가 마땅히 감당해야 하는 몫은, 즉 우리의 복된 분복은 그러한 것들을 묵상하고 또 알아가는 과정을 거치는 것이라고 나는 생각한다. 그러므로 우리는 하나님의 사랑을 확신하는 가운데서, 성령의 진정한 의도를 깨달았다면, 이렇게 깨닫게 된 것을 우리 형제들에게 소개하고 또 형제들의 판단에 맡기는 것이 지극히 합당하다고 느낀다.

주님을 신뢰하는 마음으로, 주님이 나에게 보여주신 이 비유들이 가지고 있는 질서와 힘을 소개하고자 한다. 이 비유들이 가지고 있는 상세한 의미는 어쩌면 나중에 다룰 기회가 있을 것이다. 우선적으로 나는 "천국(kingdom of heaven)"과 "자기 아버지 나라(kingdom of their Father)"라는 표현은 마태복음에만 나오는 용어이며, 이 표현들은 매우 중요한 의미를 가지고 있다는 점을 지적하고 싶다. 유일한 예외는 누가복음 11장에서 주님이 기도에 대해 가르치시면서 암시적으로 후자의 표현(곧 "너희 하늘 아버지")을 사용하신 것이다. 이것을 예외로 언급한 것은 내가 여기서 살펴보기를 원하는 주제에만 집중하기 위한 것이다. 우리 주님이 나라가 임하도록 기도하라고 가르치신 모든 경우, 사실 그 나라는 아버지의 나라다. 이 비유에서 우리는 두 가지 용어를 볼 수 있다. "천국"(마 13:11)이란 용어는 첫 번째 비유를 제외하면 모든 비유에 해당하는 공통적인 주제다. "자기 아버지의 나라"(43절)라는 용어는 두 번째 비유를 설명하는 가운데서 사용되었다. 전자의 표현의 중요성은 첫 번째 비유를 제외한 모든 비유의 긍정적인 주제일 뿐만 아니라, 우리 주님의 강력한 선언에서 볼 수 있다. 곧 주님은 "천국의 제자된 서기관마다 마치 새것과 옛것을 그 곳간에서 내오는 집주인과 같으니라"(52절)[1]고 말씀하셨다. 모세의 율법을 잘 배운 서기관은 옛것을 가져오는 일을 할 수 있었다. 그리고 천국을 잘 배운 사람은 자신의 보물 창고에서 새것을 가져올 수 있었다. 새로이 계시된 천국을 배운 제자는 사실 새것을 가져야 했으며, 옛것을 포기해서도 아니 되었다. 그가 모세의 서기관으로서 배운 것은 그리스도를 알아볼 수 있는 보배로운 지혜였으며, 천국의 서기관으로서 그는 부지런히 그리스도에 대한 새로운 지식을 보물창고에서 내오는 일을 해야 했다.

1) 나는 이 표현에 대해서 약간의 설명을 하고자 한다. 천국은 유대인들의 예언적인 기대감과 모세의 율법에 정통한 서기관이 구약성경에서 이끌어냈을 천국에 대한 약속의 성취 등을 여전히 소망하면서 제시된 것은 사실이지만, 그럼에도 그런 식의 천국 이해는 마태복음에 의해서 소개되고 있는 기대감과는 전혀 다른 것이란 사실을 이해할 필요가 있다.

나는 이 비유들을 천국이 세워지는 상황의 성격과 세부사항에 대한 완전한 예언적인 진술로 보고 있다. 모두 일곱 개의 비유가 있으며, 성경을 주의 깊게 읽는 사람이라면 결코 놓칠 수 없는 예언적인 진술들의 완결성 또는 완전성을 그대로 보여주는 공통적인 내용을 담고 있다. 이 중 여섯 개는 천국에 대한 비유다. 첫 번째 비유는 그리스도의 승천 이전에 인자로서 그리스도의 행동을 묘사하고 있다. 그리고 그 결과들이 이전과 이후로 개인들에게서 나타나고 있다. 이 비유는 천국의 대리인과 대리인의 활동의 특별한 결과들을 선언하고 있다. 다른 비유들은 천국 세대의 특징을 선언한다. 천국은 "새 것들과 옛 것들"이 혼재되어 있다. "천국"의 사실성 또는 실재성은 "옛 것"으로 부를 수 있다. 왜냐하면 천국개념은 전혀 새로운 것이 아니었기 때문이다. 다니엘서에 익숙한 사람은 옛 율법에 대한 희망을 가지고 천국을 추구했을 것이다. 천국이 새로이 발전되어 가는 순서와 위치는 "새 것"이었고, 새 것은 나타나는 모습과 정도에 따라서 계속해서 계시되고 있었다. 그리고 (여기서 전개되지는 않았지만, 추가해야만 하는 것은)[2] 하나님의 아들이신 그리스도께서 거절당하신 일과 부활이 있다. 예언적인 증언에서 절대적으로 계시된 사실은 바로 천국이 인자에게 주어진 것이란 사실이었다. 하늘이 (또는 하늘의 하나님이) 다스린다는 사실은(다니엘서 4:26을 KJV로 보라) 곧 이방인의 때가 끝나고 이방인들이 통치하는 시대가 저물 것이란 세대의 전환을 배워야 하는 교훈이었다. 유대인들에 의한 세상 나라의 통치는 모든 유대인들이 (예언을 문자 그대로 받아들이는 유대인이라면 누구나) 예언의 말씀에 대한 믿음을 통해서 당연히 가지고 있는 기대감이었다. 이러한 이해 때문에 (어쩌면 혼란스러울 순 있지만 그럼에도 정당하고, 어떤 의미에선 믿음을 요구하는), 우리의 주님은 "천국이 가까이 왔느니라"(마 3:2)는 분명한 선언과 함께 오셨다.

2) "하나님의 나라"는 "천국"과는 구별되는 표현이다. 비록 많은 측면에서 동일하고, 같은 부분들을 공유하고 있는 것이 사실이긴 하지만, 별개의 것이란 사실을 염두에 두어야 한다. 그렇기 때문에 성경은 "하나님의 나라가 가까이 왔다"고 말하기도 한다. 이 또한 사실이다. 마찬가지로 "천국이 가까이 왔다"고 말할 수도 있다. 그렇지만 동시에 각각 독특한 특징과 의미가 따로 있다. 이는 "하나님의 나라가 이미 너희 가운데(amongst them) 임하였느니라"(눅 11:20, 17:21을 보라)는 것을 아는 것은 믿음의 문제였기 때문이다. 그래서 주님은 천국이 임하였다는 표현을 사용하지 않으시고, 대신 하나님의 나라가 임하였다고 말씀하셨으며, 천국에 대해선 임한 것이 아니라 "가까이 왔다"(마 4:17)고만 말씀하셨던 것이다. 반면 동일

한 복음전도자, 아니 그 보다는 하나님의 영께서는 우리가 누가복음에서 살펴본 대로, 하나님의 나라를 언급하시면서 즉시 표현을 바꾸셨다(마 12:28을 보라). 하나님의 나라는 하나님의 아들이 거기에 계셨기 때문에 필연적으로 임해 있었다. 다시 말해서 *하나님께서 그곳에 임재하셨기 때문에, 하나님의 나라가 임했던 것이다.* 하나님의 목적이 전개되어 감에 따라 비록 거기에 하나님이 계셨지만, 천국은 임할 수 없었다. 그 결과 주님은 하늘로 떠나가실 수밖에 없었다. 하나님의 나라는 어떤 상황 하에서도 하나님의 지혜를 따라서 하나님의 통치하시는 권세가 나타나고 행사되는 현장을 의미한다. 천국은 하나님의 나라의 천상적인 특징을 강조하는 표현이다. 즉 *이 세상 나라가 하나님의 나라가 되었을 때, 하늘의 하나님이 통치하신다는 특징을 부각시키는 표현인 것이다.* 현재 세대에서 이 천국은 하나님의 나라의 왕께서 세상에 의해서 거절당함으로써 설립되었다. 비록 예수께서 땅에 계실 때에라도 믿음으로 알았어야 했던 것은 죽임을 당하신 어린 양 예수께서 아버지의 보좌에 앉아 계신 머리이신 분이라는 것이었다. 그러므로 하나님의 아들 예수께서 여기 지상에 계셨을 때, 하나님의 나라는 유대인들 가운데 임해 있었으며, - 그들은 그것을 알았어야 했다 - 또한 천국이 가까이에 있었던 것이다. 그러나 사람들의 세속성 때문에, 메시아를 인정하고서 이방인들을 유대인들에게로 모으는 대신, 하늘에서 내려온 자 곧 하늘에 거하시는 인자를 거절함으로써 (하나님의 계획과 지혜에 의해서) 인자께서 하늘로 높이 오르시는 승격이 (인자가 이전에 있던 곳으로 올라가는 일이) 일어나게 되었다. 이로써 천국이 설립되었고, (그럼에도 그리스도의 나라는 이 세상에 속하지 않았다) 이어서 교회 시대가 열렸다. 장차 그리스도께서 재림하실 때 예수와 함께 일으킴을 받은 성도들은 아버지의 나라에서 하나님의 아들이시며 또한 인자이신 주님이 만왕의 왕으로서 통치하시는 복을 누리게 될 것이며, 전에 그리스도를 거절했던 이 세상은 그리스도와 성도들의 통치 아래 들어가게 될 것이며, 성도들은 하늘의 통치에 참여하는 복을 누리게 될 것이다. (그런 의미에서 천국은 여전히 지상에 있는 백성들과 연결되어 있다.) 그들은 아버지의 집에서 그리스도와 함께 하는 아들들로서 안전하고 행복을 만끽하는 가운데 거하면서, 하나님을 위하여 왕들과 제사장들로 섬기는 일을 하게 될 것이다. 이 나라는 또한 정확하게 말하면 인자의 나라다(다니엘서 7장을 읽어보라). 지극히 높임을 받으신 인자와 그분의 성도들이 세상 나라를 다스릴 것이기 때문이다. 예수께서 거절당하지 않으셨다면, 세상은 하나님의 나라가 되었을 것이다. (여전히 세상은 그런 성격을 띠고 있다. 왜냐하면 그분은 하나님이시고, 또한 세상은 하나님의 나라이기 때문이다.) 그리스도께서는 "오히려 자기를 비워 종의 형체를 가지셨으며" 또한 그래서 자기 뜻대로 하려 하지 않고 자신을 보내신 이의 뜻을 행하고자 하셨다. 그러므로 내가 이해하는 바로는, 하나님께서 만유 안에서 만유가 되실 때에는 아들께서도 복종하실 것이다. (여기서 중요한 것은 아버지가 아니라 하나님이 만유의 주가 되신다는 점이다. 이 점을 혼동하게 되면 모든 것이 혼돈스럽게 될 수밖에 없다. 말씀이 가르치는 것은 아버지께서 만유의 주가 되시는 것이 아니라 하나님이 만유 안에서 만유가 되시는 것이다.) 그리스도의 복종을 통해서 사람의 손에서 세상 나라의 통치권을 도로 가져올 수 있었다. 그렇다면 부활하신 후 예수께서 "하늘과 땅의 모든 권세를 내게 주셨으니"(마 28:18)라고 말씀하실 때까지 사람의 손에 맡겨둘 수밖에 없었다. 모든 것이 하나님의 아들이시며, 만물의 상속자이시며, 만물의 중심이신 그리스도에게 주어졌다. 그렇지만 그리스도는 아직 이 기업을 상속받지 못했다. 다만 현재적으로 "하늘과 땅의 모든 권세"가 영광스러운 비밀의 경륜에 따라서 지명된 사람이시며, 만물의 으뜸이신 그리스도에게 주어졌다. 그리스도께서는 예수의 인격 안에서 만물의 구속자로서(as the Redeemer in the Person of Jesus) 만물의 으뜸의 자리에 계실 뿐만 아니라 또한 순종의 사람으로서(as the obedient Man) 모든 권세를 붙잡고 계신다.

"천국(the kingdom of heaven)"이 교회와 동의어이며, 그저 보이지 아니하는 참된 하나님의 교회였다는 설명은 이러한 비유들에 대한 진술과는 전혀 일치하지 않는 하나의 가설일 뿐이다. 천국이 가시적인 하나님의 교회였다는 설명 또한 우리가 마태복음 13장에서 발견하는 내용과는 전혀 일치하지 않는 내용일 뿐만 아니라, 밭에 감추인 보화와 값진 진주의 비유도 교회와는 직접적인 연관이 없다. 하늘의 통치(the rule of heaven)가 "천국(the kingdom of heaven)"이란 표현을 가장 성경적으로 표현하는 용어다. 땅의 지배는 이방인들에 의해서 부당하게 행사되고 있으며, 땅의 지배는 사실 유대인들이 고대해온 것이었다. 유대인들이 그것을 기대하는 것은 진실한 것이기는 했지만, 그들이 하늘에서 내려온 자 곧 "하나님의 거룩한 자", "인자", 그리고 "유대인의 왕"을 거절했기에 결코 공의로운 일은 아니었다. 예수를 "이스라엘을 속량할 자라고 바랐던" 유대인들에게 이제 매우 중요하고 또한 영속적인 믿음의 포인트는 "천국"이란 용어를 통해서 부활하여 하늘에 오르신 주님을 천국의 권세를 가진 분으로 인식하는 것이다. 그리고 그들은 자신들에게 부여된 자리에서 메시아를 영접하는데 실패했기 때문에, 이제 천국을 새로운 영적인 실제로 받아들여야 할 뿐만 아니라 새로운 세대의 전환이 이루어졌기에 이 천국을 하나님의 새로운 시대적인 경륜으로, 또한 새로운 질서를 가진 실체로 받아들이는 법을 배워야만 했다.

따라서 우리는 이러한 내용을 특별히 마태복음에서 볼 수 있는데, 마태복음은 세대의 전환과 천국에 대한 예언적 증언을 담고 있기 때문이다. 네 개의 복음서의 특징들을 다 다룬다면 매우 흥미롭긴 하겠지만, 그렇게 하려면 너무 방대한 양을 다루어야 할 것 같다. 사복음서 가운데 세 개의 복음서에는 천국에 대한 증거들이 많이 제시되고 있다. 다른 하나의 복음서는 몇 가지 세부적인 것들을 다룬다. 나는 이제 "천국"과 "자기 아버지의 나라"라는 용어가 전적으로 마태복음에서만 사용되고 있는 그 근거를 제시함으로써, 그 차이점을 설명하고자 한다. 천국은 그 자체로 완전한 선언이기는 하지만, 이렇게 새롭게 도입되는 경륜의 질서는 독특한 특징을 가지고 있으면서도 하나님이 주신 언약의 성취라는 희망을 여전히 유지하고 있음을 은은하게 계시하고 있다. 결론적으로 천국은 부활에 토대를 두고 있으며, 또한 천국 복음의 증거를 받아들이는 유대인들에게 회개를 요구하고 있다는 사실을 기억할 필요가 있다. 그러므로 장차 천년왕국의 영광 가운데서 부활한 성도와 회개한 유대인들이 그리스도 안에서 함께 모이게 될 것이며, 부활 생명과 권능을 누리면서 지상에서는 유대인들이 복을 받게 될 것이다. 동시에 부활한 성도들은 그리스도의 동류이자 또한 종으로서 아버지의 집에서 그리스도와 함께 아들들이 된 기쁨을 누리게 될 것이다. 어쨌든 우리 주님은 이 장에서 천국의 실제적인 특징들을 펼쳐 보이는 일을 하고 계시기에, 천국이 현재 서있는 토대를 온전히 이해하려면 천국의 새것을 가져오는 수고를 해야 한다. 우리에게는 두 가지 별개의 나라가 있다. "자기 아버지의 나라, 곧 의인들의 나라"와 "인자의 나라"다. 정확하게 말하면, 우리는 지금 이 두 가지 중 어느 것에도 해당되지 않는다. 왜냐하면 성경은 "인자가 그 천사들을 보내리니 그들이 그 인자의 나라에서 모든 넘어지게 하는 것과 또 불법을 행하는 자들을 거두어 내어 풀무 불에 던져 넣으리니 거기서 울며 이를 갈게 되리라 그 때에 의인들은 자기 아버지 나라에서 해와 같이 빛나리라"(마 13:41-43)고 말하고 있기 때문이다.3)

3) 이 천국복음은 정확하게 말하면 유대인들을 위한 메시아의 복음이다. (결과적으로 유대인들에게 메시아의 복음이 제시되었으나 거절당함으로써 옛것에 속한 것들이 지나가고, 새로운 질서에 속한 것들이 소개되고 있음을 보여주고 있다.) 그러므로 성도는 "의인"이란 용어로 불리게 되었다. "성도"란 용어는 조금 더 정확하게 말하자면, 이방인 크리스천들을 부르는 이름이며, 말세에 성화된 유대인 남은 자들에게 적용되는 이름으로서 *세상 사람들 가운데서 구별된 사람*이란 뜻을 가지고 있다. 물론 의인과 성도란 용어는 양쪽 그룹 모두에게 해당된다. 이것은 당시 믿는 유대인들에게는 일종의 계시였다. 물론 지금도 여전히 이것은 계시다. 그리스도께서 거절당하신 결과, 거기에 담겨 있는 하나님의 목적 때문에, 신자의 복은 이 땅에 설립되는 아들의 나라에 들어가는 것이 아니라 아버지의 나라에 들어가는 것이 될 것이다.

이 두 개의 나라는 현재 변칙적이고 모호한 상태(영광스럽고 축복되지만, 그 나타난 결과에 관해서는 여전히 모호한 상태)[4])에서 전개되어 가고 있으며, 더 정확히 말해서 하나님의 아들께서 아버지의 보좌에 앉아 다스리는, "하나님의 사랑의 아들의 나라"(골 1:13)로 완전한 발전이 이루어졌다. 골로새서에서 말하고 있는 "그의 사랑의 아들의 나라"는 인자의 나라가 아니다. 마찬가지로 아버지의 나라도 아니다. 다만 하나님의 아들께서 아버지의 보좌에 앉아 있는 하나님의 아들의 나라를 의미한다. 어린 양께서 거절을 당하고, 죽임을 당했으나, 지금은 하나님의 우편 자리에 앉아 계시며, 보좌 가운데 계신다(계 7:17). 나는 이것이 왕국의 현재적인 질서 가운데 가장 큰 비밀이라고 믿는다. 이 천국의 경륜은 "이기는 그에게는 내가 내 보좌에 함께 앉게 하여 주기를 내가 이기고 아버지 보좌에 함께 앉은 것과 같이 하리라"(계 3:21)는 약속이 보장되어 있다. 여기서 한 가지 주목해야 할 것은 이 아버지의 보좌는 오로지 우리 주님에게만 허락된 권세이기에, 어느 성도도 앉을 수 없다는 것이다.

4) 나는 이것이 요한계시록의 진짜 주제라고 믿는다. 요한계시록의 처음 몇 개의 장은 (적절한 언어를 사용해서) 이 사실을 보여주고 있다. 이 자체는 진정 믿음을 통해서

만 볼 수 있는 영광스러운 결과이긴 하지만, 천국과 관련하여 현재 전개되고 있는 변칙적인 상황, 즉 인자께서 거절을 당하셨고 또 장차 자기 나라(즉 인자의 나라)에 휘황찬란한 영광으로 임하시게 될 것이며, 그 때 의인들이 아버지의 나라에서 해와 같이 빛나게 될 때까지, 그 중간에 전개되는 변칙적인 상황을 이해할 필요가 있다. 그리스도께서 위대한 권능으로 통치하실 때까지 이 점을 이해하고 또 인내 가운데서 기다릴 필요가 있다.

현재 우리 믿음의 대상이신 아들께서 아버지의 보좌에 앉아 계신다는 이 원칙, 혹은 이 영광스러운 진리는 요한복음에서 말씀하시는 우리 주님의 언어 전체를 관통하고 있으며, 현재 진행되고 있는 일들의 전체적인 성격을 부여해준다는 사실을 이해할 필요가 있다. 그래서 성령님은 아버지에게서 보내심을 받아 오시는 분으로 말하고 있는데, 그 이유는 우리를 예수님과의 사귐 속으로 이끄시려는 것일 뿐만 아니라, 아버지 앞에서 아들들의 자리에 넣어주시려는 것이다. 그렇다면 우리는 그 때 의인들로서 아버지의 나라와 아버지의 집에 살면서 해와 같이 빛나게 될 것이다. 그렇다면 마태복음에 있는 이 비유들은 이 천국을 처음 심는 것으로 시작해서 보이지 않는 권능에 의해서 하나님의 보좌에 예수께서 앉아 계시고, 아버지의 뜻에 따라 성령께서 일하시며, "일찍이 죽임을 당한 것 같은"(계 5:6) 어린 양께서 보좌 가운데 계시지만, 아직 그분의 실제적인 기업으로서 땅을 다스리고 있지는 않은, 이렇게 나타난 결과들을 보여주는 것일 뿐이다.

이 비유들의 언어를 설명할 또 다른 연결고리가 있는데, 즉 마태복음 13장 2절과 35절을 비교하면서, 시편 78편에 나타나 있는 이스라엘의 소망의 발전을 생각해보는 것이다. 역사적인 사실들 속에 수수께끼는 없었지만, 이스라엘의 완전한 실패 속에는 우리가 마땅히 배워야 하는 매우 중요한 교훈과 비밀이 있었다. 지상 백성으로서 하나님의 이스라엘은 구출과 축복을 반복하는 가운데서 완전히 실패했고, 그러다가 그들의 왕 다윗에 의해서 안정을 찾게 되었다. 그것은 유대인과 연결된 다윗의 왕국이었다. 그러나 다른 수수께끼들이 있어왔고(시 78:1-3, 마 13:35을 보라), 현재 세대에 가장 위대한 수수께끼인 천국의 비밀이 (다윗의 후손이신 그리스도께서 유대인들을 통치하시는 것 외에도) "새것"으로 나타났던 것이다.

우리 주님은 이 비유들에서 두 가지 입장을 (이스라엘의 선지자로서, 그리고 이제 세상 끝까지 통치권이 미치는 천국의 왕으로서) 취하시는데, 어쩌면 이것은 예언들의 연결고리 역할을 하는 것일 수 있다. 왜냐하면 예언의 두 부분에 계시되어 있는 주님의 모든 직분이 그리스도에게서 모두 성취되었기 때문이다. 교회는 예언을 필요로 하지 않았고,5) 사실 이스라엘에게도 질서 있게 예언이 주어지지는 않았다. 무질서하게 주어진 예언의 증거는 두 가지 기능을 하고 있었다. 곧 그렇게 무질서하게 주어진 증언과 인간의 무질서 위에 하나님의 목적들이 더욱 아름답게 성취되는 모습을 드러내는 것이었다. 이로써 무질서한 것에게 심판을 내리고, 또한 하나님의 은혜에 속한 계획들과 하나님의 뜻하신 목적들이 도덕적인 아름다움과 지혜를 통해서 성취됨으로써 하나님께서 찬송을 받으시는 것이었다. 이 장에서 우리 주님이 보여주신 것처럼, 두 가지 모두는 성령에 의해서 암시되어 있다. 우리는 이사야서 6장을 통해서 이사야 선지자가 받은 위대한 예언적 사명을 볼 수 있는데, 거기서 우리는 여호와의 영광이 충만하게 계시된 것을 볼 수 있다. 안타까운 사실은 그리스도에게서 그 영광을 보지 못하는 자들은 사법적 차원에서 소경 상태에 들어가게 되었다는 점이다. 이 예언은 우리 주님을 통해서 이루어졌다. 우리 주님에게는 여호와의 영광과 계시의 영이 가득하였기 때문에, 그것을 보지 못한 이스라엘 사람들에게 일종의 징벌적 소경 상태가 직접적으로 적용되었다. 그래서 주님은 그들에게 이것을 비유로 말씀하셨던 것이다. 에스겔과 스가랴의 언어를 비교해 보면, 이 점을 확실하게 알 수 있다. "네가 만군의 여호와께서 나를 네게 보내신 줄 알리라."(슥 2:11) "그 날에 네 입이 열려서 도피한 자에게 말하고 다시는 잠잠하지 아니하리라 이같이 너는 그들에게 표징이 되고 그들은 내가 여호와인 줄 알리라."(겔 24:27) 이러한 예언적인 성격이 마태복음 13장 13절에 있는 비유들 속에 녹아져 있었다. 또 다른 예언적인 성격이 이 수수께끼들에 의해서 남은 자들에게 열리고 있었다. 이 천국의 비밀은 성령께서 그리스도를 계시하셨을 때, 그 계시되는 정도에 따라서 이해될 수 있었다. 그래서 주님은 "천국의 비밀을 아는 것이 너희에게는 허락되었으나"(마 13:11)라고 말씀하셨던 것이다. 시편 78편에 선언된 것이 35절에 그대로 옮겨졌다. "이는 선지자를 통하여 말씀하신 바 내가 입을 열어 비유로 말하고 창세부터 감추인 것들을 드러내리라 함을 이루려 하심이니라." 여기서 주목할 것은, 주님은 심판에 의해서 이스라엘의 소경된 상태에 맞춰서 행동하셨고, 더 많은 것을 주실 때에는 빛의 강도를 조절하셨다는 점이다. 이것은 매우 끔찍스러운 배려였긴 했지만, 확실한 방식이었다.

5) 물론 교회는 덕세움과 성경의 위안을 받는 차원에서 예언을 필요로 한다. 이런 뜻에서 교회는 여전히 예언을 필요로 한다. 하지만 교회는 구약성경의 예언의 대상이 아니다. 교회는 구약시대에는 감추어왔던 완전히 새로운 하나님의 경륜에 속한 비밀이었다.

따라서 우리는 마태복음 13장의 전체 성격을 볼 수 있는데, 더 정확히 말하자면, 유대인들이 그리스도의 말씀을 거절한 것에 대한 그리스도의 예언적인 증언을 볼 수 있다. 그리스도께서 거절당하신 결과 인자가 부재해 있는 동안 이 땅에서는 천국의 질서가 지속되고, 하늘에서는 인자께서 아버지의 보좌에 앉아 계시면서 또한 모든 권세를 자신의 손에 붙잡고 계신다. 그리고 그러한 질서의 마지막 장면에는 의인들이 아버지의 나라에서 "해의" (어쩌면 의의 해이신 그리스도 자신의) 광채로 빛나게 되고, 가라지들은 밭에 남겨진다. 천국의 아름다움과 더불어 그 내재적인 우월성과 가치가 선언되고, 가시적인 교회의 심판이 이루어지고, 그물이 가득한 상태가 되었기 때문에 바다 밖으로 끌어내어 좋은 것은 먼저 그릇에 담고, 못된 것은 내버려지게 될 것이다.

나는 이제 비유의 순서 또는 예언 선언 그 자체의 순서를 따르고자 한다. 내가 관찰한 바에 따르면 첫 번째 씨를 뿌리는 자의 비유는, 천국은 이러하다는 내용을 설명하기 보다는 씨를 뿌리는 일 자체의 의미를 설명하고 있다. 씨를 뿌리게 되면 그 효과가 나타나는 법이다. 이것은 아주 일반적인 내용을 담고 있는 비유다. 이로써 이전에 설명했던 유대인들의 징벌적 소경 상태가 일어났다. 이것은 천국은 이러하다는 메시지를 담고 있는 것이 아니라, 천국의 말씀이 전파된 결과로서, 긍정적인 효과 또는 방해의 역사가 일어나게 될 것을 매우 선명하면서 아름답게 설명하는 것이다. 이어지는 여섯 개의 비유는 천국은 이러하다는 메시지를 담고 있지만, 그 비유들마다 독특한 차이점이 있다. 여섯 가지 비유 가운데 첫 번째와 마지막 세 가지 비유에 대한 설명이 제자들에게만 주어졌다. 앞의 세 가지 비유는 제자들 뿐만 아니라 허다한 무리들에게 전파되었다. 앞의 세 가지 비유는 세상에서 천국의 외형적인 위치와 결과를 담고 있으며, 세상에 속한 사람들은 어느 정도 알아들었을 수도 있고, 아니면 그런 의도로 그들에게 전파되었을 수도 있다. 뒤의 세 가지 비유는 (그 비유들에 대한 설명을 보면) 천국이 완전히 전개된 결과, 하나님의 손에 의해서 완성된 모습을 보여주고 있거나 아니면 주님의 마음을 발전시키는 일을 해 온 성령의 심중에 있었던 천국의 내적인 성격과 가치를 보여주고 있다. 이 점이 특별히 제자들에게 전달되었던 것이다. 조금 더 설명하자면, 처음 세 가지 비유는 세상에 외형적으로 나타난 천국을, 그리고 마지막 세 가지 비유는 하나님의 마음 속에 있었던 천국을 보여주고 있다는 것이다. 그렇기 때문에 그 둘 사이의 대조점은 선명하게 제시되었다. 첫 번째 비유는 세상에 씨를 뿌리는 것을, 마지막 비유는 그물이 가득하게 되자 (바다에서 엄청난 양의 물고기가 잡혔기에) 그물을 바닷가로 끌어내어 분리하는 과정을 보여준다. 처음 세 개의 비유 중 두 가지 중간에 있는 비유 가운데 하나는 천국이 세상 속으로 확장되어가면서, 외적인 조직을 형성하는 모습을 보여주고, 다른 하나는 교리의 변질을 통해서 더욱 덩어리가 커져가는 모습을 보여주는데, 주님은 이것을 누룩의 작용으로 설명하셨고, 그 누룩의 의미를 다른 곳에서 설명하셨다. 나중 세 가지 비유 가운데 두 가지 비유 중 첫 번째 비유는 밭에 숨겨둔 보화의 가치를 말해주는데, 비록 지금은 그 보화를 밭에서 꺼내지는 않았지만, 주님이 이 보화를 "발견한 후 숨겨 두고 기뻐하며 돌아가서 자기의 소유를 다 팔아 그 밭을 사야만 했던"(마 13:44), 교회의 진정한 영광을 설명하고 있다. 어쨌든 주님은 밭을 사는 것으로 만족하셔야만 했다. 즉 현재 쓸모없는 상태로 있는 세상을 전부 소유하고 계신다. 이 비유를 바르게 적용하는 일은 매우 중요하다. 두 번째 비유는 좋은 진주를 찾는 상인의 마음을 충족시켜준 극히 값진 진주를 통해서 하나님의 눈에 그 은혜의 도덕적 아름다움을 품고 있는 교회의 가치를 말해준다. 이처럼 교회 속에 내재된 은혜의 아름다움은 그리스도의 은혜 또는 그리스도의 정신으로 교회를 바라볼 때에만 이해될 수 있다. 내가 믿기론, 전자의 두 가지 중 첫 번째가 후자의 두 가지 중 첫 번째와 후자의 나중 것과 일치하거나 아니면 대비를 이루고 있다. 마지막 비유는 바닷가로 끌어낸 그물 속에 있는 모든 육체에 대한 사법적인 과정을 명백히 밝히고 있는데, (좋은 것은 골라내고, 나쁜 것은 심판함으로써) 이것은 세상을 심판하시는 그리스도의 심판과는 전혀 다른 종류의 심판을 말해준다.

나는 지금까지 마태복음 13장의 비유들의 순서와 구조를 분명히 밝혔다고 믿는다. 그 비유들을 해석하는 일이 남아 있다. 나는 다만 천국은 ~과 같다고 말하는 것에 대해서만 언급하고자 한다. 우선적으로 우리는 주님이 친히 해석해주신 참 해석을 볼 수 있는데, 하나님의 영께서 우리로 하여금 "천국 말씀(the word of the kingdom)"(마 13:19)을 이해할 수 있도록, 사용하신 용어가 가지고 있는 단순한 힘에 주의를 기울이기만 하면 된다. 우리는 일반적으로 앞의 세 가지 비유가 세상에서 천국의 위치나 천국의 특징을 설명하고 있음을 보았다. 그래서 우리는 여기서 "밭은 세상이요"(마 13:38)라는 해석을 볼 수 있다. "가라지를 뽑는" 일은 결코 명목상의 교회를 심판하는 사법적인 절차를 의미하지 않는다. 명목상 교회를 골라내어 내버리는 내용은 마지막 비유(즉 그물의 비유)를 통해서 다루고 있다. 그리스도께서는 이 세상에 천국의 좋은 씨를 뿌렸고, 마귀는 전략적으로 그 가운데 가라지를 덧뿌렸다. 사람들이 잠을 자는 동안 원수가 와서 곡식 가운데 가라지를 뿌리고 갔는데, 이 가라지는 "패역한" 사람들이며, "가만히 들어온 사람들이며…그들은 옛적부터 이 정죄의 판결을 받기로 미리 기록된 자들"(유 1:4)이다. 이 사람들을 뿌리째 뽑을 수 있는 (더 정확히 말하자면 세상에서 그들을 제거할 수 있는) 권세는 집 주인의 종들 곧 교회에게 주어지지 않았다. 그 둘은 "추수 때까지 함께 자라게"(30절) 두어야 했다. 그러므로 이단에 속한 사람을 죽이는 것은 그리스도를 섬기는 봉사가 아니다. 곡식의 순결성을 바라는 마음에서 가라지를 뽑으려는 집 주인의 종의 무례한 손은 참 성도를 죽일 수 있기 때문이다. 그래서 가라지를 뽑는 일은 추수꾼들에게 맡겨졌다. 곡식과 가라지가 함께 자라는 것이 현재 세상에서 진행되는 천국의 모습이었다. 교회는 세상을 정결하게 하거나 또는 세상을 바로잡는 일을 하는 시스템이 아니다. 천국을 정화하는 일은 아들의 통치력 하에 하나님의 섭리적인 권능의 도구들인 천사들을 통해서[6] 시작될 것이며, 밭에서, 세상에서 "가라지는 먼저 거두어 불사르게 단으로 묶고"(30절) 불에 태워지게 될 것이다. 그 후에 의인들은 아들의 나라나 또는 인자의 나라가 아니라, 아버지의 나라에서 해와 같이 빛나게 될 것이다. 한 마디로, 우리는 밭 곧 세상이 하나님의 섭리적인 개입에 의해서, 인자의 손을 통해서 이루어지는 사법적 절차에 의해서, 천사들을 통해서 정결하게 되는 것을 보게 될 것이다. 천국의 의인들, 곧 악한 세상 가운데서도 의로운 삶을 살았던 자들은 해와 같이 빛나게 될 것이다. 우리는 "공의로운 해"(말 4:2)가 누구인지 알고 있다. 그리고 "그가 나타나시면 우리가 그와 같을 줄을 아는 것은 그의 참 모습 그대로 볼 것이기 때문이다." (요일 3:2) 하지만 이 일은 아버지의 나라에서 일어나게 될 것이다. 인자의 나라에서 일어난 일은 우리가 알 수 없으며, 다만 인자께서 그 나라에서 "모든 넘어지게 하는 것과 불법을 행하는 자들을 거두어"(마 13:41) 내실 것이며, "세상 나라가 우리 주와 그의 그리스도의 나라가 되어 그가 세세토록 왕 노릇"(계 11:15) 하실 것이다. 그렇지만 이것은 천국은 ~와 같다는 비유의 주제는 아니다. 이렇게 혼합되고 모호한 천국 시스템은 아버지의 나라의 영광에 의한 분리에 의해서 끝나거나, 오히려 완성될 것이다. (의인들, 공의의 해로서 인자는 함께 천국에 있을 것이며, 과거에 베푸신 하나님의 은혜와 그 때 베푸실 은혜의 영광을 찬송하게 될 것이다. 에베소서 1:6-12과 비교해보라.) 그리고 인자의 나라는 사법적인 정화의 과정을 거치게 될 것이며, 지상 왕국에는 유대인들이 그리스도 안에서 제사장 나라로서 권세를 받게 될 것이다. 내가 이미 천국을 세상에서 외형적인 조직을 갖춘 것으로 언급했던 두 번째 비유는 인간의 손에서 세상의 계급적인 조직을 갖추고 권력과 힘을 가진 천국의 모습을 설명한다. 성경을 주의 깊게 읽는 사람은 땅의 중앙에 있는 하나의 나무(단 4:10, 22), 즉 느부갓네살, 바로, 그리고 다른 많은 왕들처럼 외형적인 보호력과 위엄을 갖추고 있는 나무 상징에 익숙할 것인데, 이것은 겨자씨가 자라나서 나무가 되는 천국의 비유를 잘 설명해준다. 이것은 천국 시스템이 세속적인 힘을 얻었을 때 일어나는 일을 보여준다. 장차 인자의 나라가 세워질 때, 이와 똑같지는 않지만 매우 유사한 일이 일어날 것이다. 그러한[7] 시스템은 반드시 주권적인 정의와 공의의 시스템이어야 하며, 이렇게 정의를 집행하는 일은 앞의 비유에서 교회에게 금지된 일이었다. 그렇지 않으면 교회 또한 악의 연합체나 악의 시스템이 될 것이기 때문이다. 세 번째 비유는 명목상의 교리가 확산되듯 전파될 것을 보여준다. 그러한 교리 속에 어느 정도는 하나님께서 지정하시거나 설정하신 참된 부분이 있긴 할 것이지만, 그럼에도 변질된 교리가 전파되는 것이다. 그렇기 때문에 별 다른 시스템 속에서 이 교리는 또 다른 성격을 가지게 될 것이며, (겉

으론 은혜의 옷을 입고 있지만) 전혀 참 은혜로 인정받을 수 없는 요소들이 섞이게 될 것이다. 왜냐하면 전체가 누룩에 의해서 변질될 것이기 때문이다. 누룩은 첫 번째 비유에서부터 은혜를 부패시키는 작용을 하는 것으로, 분명히 부정적인 것으로 언급되었다(마 16:11, 막 8:15, 고전 5:6-8, 갈 5:9).

6) 인자께서 사탄을 이기심으로써 공식적으로, 즉 인간으로서 실제적인 권능을 획득하셨을 때, 나는 천사들이 인자의 종이 되었다고 믿는다. 그리스도께서 구속하시는 머리가 되셨기 때문에, 천사들은 유대인들을 섬기는 일꾼들로서 - 세상에서 하나님의 섭리적인 권세를 집행하는 대리자들로서 - 섬기는 일을 하고 있으며, 지금 하늘과 땅의 모든 권세는 그리스도의 손에 있다. 왜냐하면 그리스도께서 (순종과 충성을 통해서) 세상 임금을 정복하셨기 때문이다. 그러므로 우리는 이 천국 세대의 복음이라고 할 수 있는 마태복음에서, "이에 마귀는 예수를 떠나고 천사들이 나아와서 수종드니라"(마 4:11)라는 구절을 볼 수 있다. 마찬가지로 우리는 누가복음 22장에서 "천사가 하늘로부터 예수께 나타나 힘을 더하더라"(눅 22:43)는 놀라운 구절을 볼 수 있다.

제 2장 천국의 경륜

7) 세상에서 악을 제거하는 권세는 교회에게 주어지지 않았다. 세상에서 교회가 가진 힘은 필연적으로 악을 인지하거나 또는 그 악을 교회에 허용할 수 있는 정도다.

우리 주님이 처음 제자들에게 하셨던 설명에 대해서, 여기서 할 수 있는 한 충분히 살펴보자. 네 번째 비유는, 밭에 감춰진 보화를 위해서 그리스도께서 값을 주고 밭을 사신 것을 설명한다. 때가 되면 밭 곧 세상 속에 숨겨둔 하나님의 보화인 (하나님의 집으로서) 교회를 꺼내실 것이다. 다섯째 비유는 하나님께서 설정하신 교회의 차별적인 아름다움과 탁월함을 설명한다. 하나님께서 만물의 상속자로 정하신 그리스도께서는 교회를 그토록 아름다운 존재로 보실 뿐만 아니라, "교회를 사랑하시고 그 교회를 위하여 자신을 주실" 정도로 아끼신다. 이런 것이 하나님의 사랑의 마음을 통해서 볼 수 있는 교회의 가치다. 우리가 그리스도의 마음을 가지는 것에 비례해서, 그럴 때 우리는 천국의 머리이시며 왕이신 그리스도의 마음 속으로 들어가게 될 것이며, 성령께서 묘사하시는 그대로가 그리스도 안에서 이루어지는 것을 보게 될 것이다. 마지막 비유를 통해서 우리는 천국의 최종적인 결과로, 명목상의 교회는 천국에 들어가지 못하는 것을 볼 수 있다. 바다에는 많은 물고기들이 있듯이, 복음을 무시하는 세상 사람들은 자기의 길을 갈 것이며, 그물 속으로 들어오지 않을 것이다. 어쨌든 그물은 가득 찼고, 그 속에는 바다에 사는 각종[8] 물고기들이 잡혔으며, 그 가운데는 좋은 것과 나쁜 것이 섞여 있었다. "이방인의 충만한 수가 들어왔고"(롬 11:25), 그물이 가득해지자 바닷가로 끌어내었다. 그리고 교회의 심판이 시작되고, 좋은 것은 그릇에 담고 못된 것은 내버려질 것이다. 이제 더 이상 이 비유들에 대한 자세한 내용을 다루지 않을 것이다.

8) "이방인 중에서 자기 이름을 위할 백성을 취하시려고."(행 15:14)

나는 이 주제를 생각하면서 개괄적으로 진술했다. 천국은 우리가 살펴본 대로, *하나님의 아들께서 아버지의 보좌에 앉아 있는 기간 동안 이 땅에서 전개되는 상태를* 가리킨다. 이 기간 동안 자녀들은 아버지의 나라의 상속자들이지만 아들의 나라에 있다. 즉 이 기간 동안 세상은 인자의 나라의 의로운 사법권에 순종하지 않을 것이다. 이 기간은 지상에 있는 동안 인자께서 거절을 당하시고 또 장차 지상에서 통치를 시작하실 때까지의 전체 기간을 가리킨다. 이 기간 동안 이 세상 가운데 있는 성도는 성령의 도우심을 받게 되는데, 아버지께로서 아들의 보내심을 받은 성령님은 하늘에 높이 오르신 그리스도의 승격의 증인이시다. 마태복음 13장은 이러한 상황에 대한 예언적인 내용으로 가득하다. 처음 세 개의 비유는 세상에서 전개되는 천국의 외적인 특징을 묘사한다. 씨 뿌리는 자의 비유를 제외한 여섯 개의 비유 중 마지막 세 개의 비유는 천국의 실제적인 축복과 그 가치와 최종적인 심판을 설명하고 있으며, 하나님께서 마음에 품고 계신 내적인 가치를 묘사한다. 이 비유는 인자의 나라가 땅 위에 설립되는 것으로 마치고 있으며, 이어지는 기간 동안 의인들은 하늘에 있는 아버지의 나라에서 해와 같이 빛나게 될 것이다. 첫 번째 비유는 천국의 말씀에 관한 것이다. 교회 또는 천국에 대한 설명과 비밀에 속한 부분은 제자들에게 따로 주어졌다. 유대인들이 일종의 심판의 일환으로 소경 상태가 될 것과 성도들에게 특별한 권리가 주어질 것이 선언되었다. 이 비유들은 "들을 귀 있는 자"에게만 성령께서 계시하시는, "창세부터 감추인 것들"(마 13:35)이었다.

주의 오심과 교회의 휴거
The Coming of the Lord and the Translation of the Church

유대적인 소망을 품고 있는 유대인 남은 자들의 존재에 대한 직접적인 증거는 다른 곳에서 출간되었고, 주의 재림과 연결되어 있는 교회의 교리 또한 간략하게 제시되었기 때문에, 여기서 다룰 주제는 진지한 마음을 가진 사람이 교회의 휴거를 반대하는 사람들의 견해 때문에 어려움을 겪고 있는 부분을 살펴보고자 한다. 만일 성경의 진술을 충분히 살펴보았고, 거기서 이끌어 낸 진리들이 마음에 납득이 되었다면, 이 모든 어려움에 대한 해답은 이미 충분히 주어진 것이라고 할 수 있다. 만일 우리가 이러한 반론들에 대해서 충분한 설명을 할 수 없다면, 우리에겐 그러한 것들을 설명할 수 있는 능력이 없다는 사실을 입증하는 것일 뿐, 성경이 주는 진리의 직접적인 증거에 대한 확신은 전혀 없는 사람임을 자인하는 꼴이 될 뿐이다. 그래서 교회의 휴거를 반대하는 어느 소책자의 주장에 대해서 간략하게나마 다루어 보고자 한다.

소책자의 저자는 우리가 세상과 함께 그리스도의 나타나심을 기다려야 한다고 주장한다. 그는 말하길, "데살로니가전서 5장 1-4절에서 주의 날이 밤에 도둑 같이 임할 것을 말한 후에 사도 바울은 '그러나 형제들아 너희는 어둠에 있지 아니하매 그 날이 도둑같이 너희에게 임하지 못하리니'라고 덧붙여 말했다. 자연스러운 추론은, 주의 날이 세상과 교회에 동시에 임하게 되리라는 것이다. 오직 교회만이 주의 오심을 준비하고 있었기 때문에, 교회는 구원을 받고 세상은 멸망을 당하게 될 것이다."라고 했다. 이제 이 모든 것들을 깔끔하게 정리해주는 한 구절을 보자. "우리 생명이신 그리스도께서 나타나실 그 때에 너희도 그와 함께 영광 중에 나타나리라." (골 3:4) 이것은 성경의 여러 구절이 주의 재림에 관하여 우리에게 다양한 이유를 제시하고 있고 또 우리의 책임과 관련하여 여러 가지 교훈을 제시하고 있음에도 불구하고, 즉시 주의 재림이 우리에게 축복의 시간이란 사실을 말해준다. 확실한 것은 그리스도께서 지상 강림하시기 전에 우리가 그분과 함께 하게 될 것이며, 다른 사람들처럼 우리가 이 땅에서 그리스도를 기다리고 있는 일은 없을 것이란 점이다. 그런즉 그리스도께서 우리에게와 동시에 세상에 나타나실 것이란 견해는 거짓된 교리라는 사실을 알아야 한다. 왜냐하면 말씀은 우리가 그 때 그리스도와 함께 영광 중에 나타날 것이며, 그리스도와 함께 모습을 드러낼 것이라고 말하고 있기 때문이다.

하지만 우리는 그 점에 대해서 우리를 설득하려고 하는 사람들의 가르침을 너무도 많이 듣고 있다. 그러한 가르침의 목적과 그러한 가르침이 미치는 직접적인 영향은 그리스도와 우리의 독특한 관계를 파괴하고 또 우리를 세상과 연결시키며, 우리를 실제로 잃어버린바 된 사람은 아닐지라도 어쨌든 가장 저급한 수준의 희망에 부착시키는 것으로 작용하게 된다는 것이다. 이렇게 우리가 만일 땅에 속한 백성의 소망에 부착하게 되면, 그리스도와 연합을 이룬 사람으로서 우리가 가질 수 있는 천상의 소망은 사라지게 된다. 이렇게 지상의 소망에 집착하는 일은 모든 영적 지각을 상실한 결과이며, 또한 그리스도와 성령의 긍정적인 가르침의 부재와 더불어 나타나는 자연스러운 현상이란 사실을 알아야 한다.

게다가 교회의 휴거를 반대하는 사람들은 이렇게 말한다. "이 이론은 복음서의 상당 부분과 요한계시록의 거의 전부를 우리에게서 앗아간다. 왜냐하면 그들은 이러한 성경들이 교회가 휴거되고 난 이후에 남게 된 유대인들과 이방인들에게만 해당되기 때문이라고 믿고 있기 때문이다."(소책자 5,6쪽) 이처럼 복음서와 요한계시록의 많은 부분을 우리에게서 빼앗아간다고 말하는 것은, 반복해서 말하지만, 하늘에 속한 성도들이 가지고 있는 특별한 특권은 그러한 것들과 무관하다는 것을 아는데 있기 때문에, 터무니없는 말이다. 마태복음 24장과 연관

된 성경구절을 자세히 살펴보면 이 점이 더욱 명확하게 드러나게 되는데, 사실 그러한 성경들은 시련을 당하고 있는 유대인 남은 자들의 약한 믿음을 격려하기 위해서 주어진 것이기 때문이다. 그런데 저자는 모든 사람에게 계시의 선물이 주어졌기 때문에 모든 사람이 예언의 상황 속으로 들어가게 될 것이라고 말하는데, 그런 가설은 헛되고 잘못된 것이다. 왜냐하면 모든 성경이 교회에게 주어졌다는 것은 누구도 부인할 수 없는 사실이긴 하지만, 그렇다고 해서 성경이 말하는 모든 상황 속에 우리가 있으며, 이러 저러한 예언이 모두 우리에게 해당되는 것이라고 주장하는 것은 사실상 말도 되지 않는 억지주장일 뿐이다. 물론 교회는 모든 예언의 말씀을 이해할 필요는 있다. 이는 "우리가 그리스도의 마음을 가지고 있기" 때문이다. 주님의 은혜는 다른 사람과 관련된 것을 우리에게 전달하는 일을 하고, 때때로 우리는 다른 사람을 위해서 중보하는 일을 한다. 이런 일이 아브라함에게 일어났다. 주님은 아브라함에게 그에게는 직접적으로 상관없는 일을 계시하셨다. 주님이 롯에 관한 것을 말씀하실 때, 아브라함은 그것이 자신에 관한 것이라고 상상함으로써 무슨 이득을 얻을 수 있었는가? 에녹과 노아의 경우를 생각해보자. 에녹은 자신에 관한 것이 아니라 장차 세상에 일어날 일을 예언했고, 세상의 심판이 임하기 전에 옮겨졌지만, 반면 노아는 자신이 처하게 될 상황에 대한 경고를 받고서, 두려움에 떨면서 깨어 경성했고 그리고 세상을 홍수로부터 구하고자 했다. 에녹의 경우가 교회의 경우이며, 노아의 경우가 유대인 남은 자들의 경우다. 이제 교회와 요한계시록과의 관계를 살펴보자. 봉인, 나팔, 그리고 대접에 의해서 상징화된 끔찍한 심판이 하나님의 보좌로부터 나와서 이 땅을 덮칠 때, 요한계시록은 교회에 대해서 절대적인 침묵을 지키고 있다는 것은 (그렇다고 해서 성도에 대해서도 그렇다고 말하고 싶은 생각은 없다) 누구도 부인할 수 없다. 교회들은 요한계시록 4장 이전에 언급되었고, 요한계시록 22장에서 환상들이 끝난 이후에 다시 언급되고 있다. 교회는 에녹처럼 앞으로 일어날 일에 내해서 하나님의 증거의 신성한 그릇이 되어야 하며, 또한 아브라함과 마찬가지로 중보자의 자리에 있어야 한다는 사실엔 추호의 의심이 없다. 그러나 교회는 요한계시록에 계시되고 있는 심판의 장면 밖에 있다. 이 두 가지 모형(에녹과 노아)이 창세기에 모두 있다.

이제 또 다른 반대의견을 살펴보자. 저자는 마태복음 10장의 사도들을 우리의 대표자로 보고서 자신의 의견을 진술하고 있다. 하지만 복음서 뿐만 아니라 요한계시록을 보면, 사도들이 우리의 대표자가 아닌 구절들이 많이 있다. 예를 들자면 마태복음 10장을 통해서, 우리가 유익을 얻을 수 있는 부분이 있고 또 그런 것이 우리의 특권이긴 하지만 사실 거기서 주님이 열두 사도들에게 주신 사명은, 중요한 측면에서 보면 그리스도인으로서 우리의 사명과는 전혀 다른 차원의 것이라는 점을 인식할 필요가 있다. 우리는 오직 성령을 통해서만 성경을 가지고 성경을 비교하는 일을 할 수 있으며, 옛날 유대인 남은 자들이나 아니면 미래의 남은 자들과 관련된 것과 현재 우리의 지위와 관련된 것을 구분하는 일을 할 수 있다. 저자는 7쪽에서 다소 의기양양하게 묻는다. "과연 그들이 우리를 대표하고 있으며 또한 산상설교에서, 마지막 만찬에서, 마지막 요한과의 대화에서 주님은 우리를 위해 말씀하고 있지 않은가? 마태복음 24장과 누가복음 21장에 나오는 많은 사람들은 우리를 대표하고 있지 않은가? 우리는 베다니에 있는 마르다와 마리아와 함께 교회의 입장에 있고, 또 감람산에 있는 제자들과 함께 있으며, 유대인의 남은 자들과 함께 있지 않은가?" (마 24:3)

우리에겐 진리의 말씀을 옳게 구분해서 보는(rightly dividing the word of truth) 지혜가 필요하며, *천국 경륜의 변화에 대한 영적 분별이 필요하다*. 그렇기 때문에 산상설교에서 하셨던 우리 주님의 말씀은 교회보다는 유대인이나 남은 자들에게 훨씬 더 직접적으로 적용될 수밖에 없다(마 5:25, 6:12-13, 33을 보라). 그리고 마태복음 24장과 25장에서 말씀하셨던 예언적인 강론을 보면, 이 예언들은 이러한 차이점들을 매우 선명하게 드러내고 있을 뿐만 아니라, 유대라는 범위를 설정하고 있음을 볼 수 있다. 주님은 이 예언의 앞 부분에선 성전과 성전의 파괴, 그리고 멸망의 가증한 것이 서게 될 것에 대해서 말씀하셨으며, 유대인과 종말의 날까지 남은 자들과 관련된 예언임을 분명히 밝히셨다. 하지만 이것이 전부가 아닙니다. 이러한 특징과 예루살렘, 유대, 그리고 이스라엘 민족과 연결되어 있는 것은 주님의 부재 기간 동안 그리스도인들과 관련된 비유들(예를 들자면, 집 사람들을 맡아 때를 따라 양식을 나눠 줄 종, 열 처녀, 달란트 비유들)과는 분명히 구별된다. 이러한 마지막 비유는 유대인들에게 주신 것이 아니다. 물론 그런 측면도 없지 않아 있긴 하지만, 그럼에도 마태복음 25장 이전에 나오는 내용과 마무리 부분에 나오는 내용, 즉 주님이 왕으로서 재림하실 때 이방인들을 다루시는 부분과는 많은 부분 차이가 있다. 이러한 차이점들을 부정하는 것은 무지일 뿐이다.

어느 누구도 예루살렘에서 가졌던 마지막 만찬 시간이나 아니면 요한복음 13-17장, 또는 베다니에서 주님이 말씀을 전하실 때 교회가 사실상 존재했다고 확정적으로 말할 순 없다. 이러한 장면들은 매우 풍성한 묵상거리를 제공하고 있으며, 이후에 교회에서 실현되는 부분도 없지 않아 있긴 하지만, 이 모든 것들은 유대인의 남은 자들에게 주신 교훈일 뿐이다. 남은 자들은 누가복음 21장에서 밝히고 있듯이 장래 일에 대한 특별한 대비책(special provision)을 받았다. 다시 말하지만, 교회가 받은 특별한 복과 주님이 나타나시기 전에 교회가 휴거되는 특권을 부인하는 신학시스템은 유대인 남은 자들조차 도망치기를 바라는 그 하나님의 보복하시고 원수를 갚으시는 시간을 - 이 시기는 이스라엘의 불신앙 때문에 전대미문의 고통과 시련을 당하게 되는 시기다. 다시 말해서 지금까지 세상이 보았던 그 모든 고통의 수위를 초월하는 심판과 신실함이 없는 이스라엘에게 쏟아 부어질 가장 끔찍한 징계의 시기인 것이다 - 신앙 때문에 그리스도를 위해 고난을 당하는 특권과 혼동하고 있을 뿐이다!

그럼에도 저자는 이렇게 주장한다. "거기에 더욱 반대할 수밖에 없는 것은 우리가 생각할 때 교회의 증언을 가장 필요로 하는 시기에, 고통이 가장 극심할 때, 교회가 이 세상에서 하늘로 옮겨질 것이라는 믿음은 매우 기이한 신앙이기 때문이다. 확실히, 다른 모든 것들 중에서 그리스도의 교회는 그 엄청난 힘을 가진 적그리스도와 그의 추종자들과 맞서 싸우는데 최적화된 신적인 도구다. 정말 이상한 일이지만, 그처럼 중요한 시기에 순교의 역사가 중단된다니! 환난들이 하늘의 가장 밝은 영광과 함께 종말론적 환상 속에 밀접하게 연결되어 있으며, 거의 2천 년 동안 교회는 예수 그리스도의 인내와 나라에 함께 연합되어 있었는데, 그 시기엔 다른 공동체에게 그 자리를 내어주어야 한다니 참으로 이상한 일이 아닐 수 없다!"(소책자, 70쪽)

하나님의 섭리에 대한 무지가 이렇게 교회가 그리스도와 함께 고난을 당하는 것과 이스라엘이 그리스도와 그분의 뜻을 무시한 결과로 고통스러운 형벌을 받는 것을 혼동하는 것보다 더 고통스럽게 나타날 수 있겠는가? 우리는 정말 깊이 생각해보아야 한다.

그리고 여기서 우리는 이러한 견해들의 실제적 성격을 나타내는 실제적인 효과에 대해서 한 마디로 말하고자 한다. 즉 이 견해는 날마다 주님의 오심을 기대하는 것은 옳지 않다고 말한다. 왜냐하면 예언된 모든 징조가 먼저 일어나야 하기 때문이다. 자, 우리는 진지한 그리스도인들에게 묻고 싶다.

혹시라도 이런 분별이 성경의 모든 가르침과 경고와 직접적으로 모순되는 것이면 어떻게 할 것인가? 주님은 우리에게 항상 주님을 기다리고 또 깨어 경성하라고 말씀하시지 않으셨는가? 그리스도인이건 유대인 남은 자이건, 주님은 그렇게 하도록 진지하게 말씀하지 않으셨는가? 그리고 주님이 말씀하셨던 그들이 생각하지 않는 때에, 인자가 오시는 것이 아닌가?

게다가, 이렇게 믿게 되면 하나님의 섭리의 모든 질서가 뒤집어지게 된다. "우리는 교회와 남은 자들이 함께 이 땅에 있을 것이라고 믿습니다."(소책자, 39쪽) 다시 말해서, 그들은 교회 안에는 유대인도 이방인도 없고 다만 모두가 하나가 되었다는 교회에 대한 완전한 계시를 믿고 있지만, 그렇게 하나의 몸이 된 사람들이 또한 지상에서 함께 환난을 통과하게 될 것이라고 믿고 있는 것이다. 즉 유대교적 소망에서 벗어나 성령에 의해서 교회의 자리로 들어온 성도는 즉시 그리스도인의 복된 소망에 대한 계시로 인해서 유대교의 소망을 중단하게 되는 것인데, 여전히 환난을 통과하게 될 것이라고 말함으로써 전혀 별개의 신적 기관(유대인 남은 자들)이 처하게 될 전혀 별개의 운명을 교회와의 공동운명처럼 끌어들이는 결론을 내었으며, 두 가지 모순된 상황을 만들어내었던 것이다.

그렇다면 이제 밭의 가라지의 비유(마 13장)를 살펴보자. 여기엔 긍정적이면서 부정적인 뜻을 담고 있는 특별한 성경구절이 있다. "둘 다 추수 때까지 함께 자라게 두라."(30절) 이 구절은 전체 문제를 결정적으로 해소하는 진술을 담고 있다. 왜냐하면 소책자의 저자는 "한 특정 시점, 추수 또는 시대의 끝에 일어날 일을 이보다 더 확실하게 표현할 순 없기 때문이다"(소책자, 9쪽)라고 말함으로써 교회가 휴거 없이 종말의 때까지 세상에 남을 것이라고 주장하고 있기 때문이다. 이에 대해서 나는 여기서 추수라는 표현은 특정한 한 시점을 가리키는 표현이 아니라고 간단하게 대답하고자 한다. 성경은 "추수 때에 내가 추수꾼들에게 말하기를 가라지는 먼저 거두어 불사르게 단으로 묶고 곡식은 모아 내 곳간에 넣으라 하리라"(마 13:30)고 말하고 있다. 먼저는 가라지를 묶는 일을 하고, 그리고 나서 곡식은 모아 주님의 곳간에 넣는 것이다. 다시 말해서 이 시기는 서로 다른 사건들이 일어나게 될 것이며, 그 순서와 의미가 매우 중요해진다. "먼저 거두어 단으로 묶고"라는 표현은 "뿌리째 뽑는다"라는 뜻이라고 주장한다(소책자, 9쪽). 그러나 이 표현은 그런 뜻이 아니다. 뿌리째 뽑는 일에는 완전히 다른 단어가 사용되었기 때문이다. 또 다시 그는 말하길, "'먼저 거두어 단으로 묶고'라는 말은 추수의 시기에 밭에서 다른 장소로 옮겨지는 것을 가리킨다. 즉 현재적인 존재 상태의 종말을 뜻한다"라고 했다. 우리 모두는 그런 것이 수확의 방식이나 추수의 효과가 아니라는 것을 알고 있다. 밭에서 곡식을 제거하는 일은 전혀 다른 방식으로 표현되고 있다. 사실, 가라지는 전혀 밭에서 제거되지 않는다. 만일 우리가 앞서 예시된 것으로 돌아가게 되면, 가라지는 추수의 때가 되면 밭에 남겨진 채 심판을 받는 것을 볼 수 있다. 이런 것이 이 비유가 말하고자 하는 요점이다. 사실상, 주제는 밭인데, 한 가지 예외적인 요소가 있다면, 그것은 "곡식은 모아 내 곳간에 넣으라"는 것이다. 다른 곳에서 언급된 가시와 엉겅퀴는 동일한 밭에 남아서 완전히 불에 타게 될 것이다. 가라지는 불사르게 단으로 묶이게 될 것인데, 이는 이렇게 단으로 묶이는 것 자체가 최후의 심판이 아니라는 사실을 분명하게 알 수 있다.

더욱이, 어느 누구도 예언을 진술하는 말씀의 상황과 서로 다르게 설정된 장면을 정확히 이해하지 않고서는 비유와 그 설명을 제대로 읽어낼 수 없다. 왜냐하면 사람들 앞에서 그 비유의 공개적인 결과에 대해선, 그러한 결과들이 제시되고 있지 않을 때에는 비유적으로만 설명될 수밖에 없기 때문이다. 그러므로 곡식을 모아 곳간에 넣는 일은 의인들이 해와 같이 빛나는 것이 아니고, 단으로 묶어 불에 태우는 일은 그 나라에서 모든 넘어지게 하는 것과 또 불법을 행하는 자들을 거두어 내어 불 속에 던져 넣는 것과 같은 것이 아니다. 여기서 성경의 한결같은 증언은 그리스도께서 심판하고자 나타나실 때에 성도 또한 함께 나타날 것이란 점이다(골 3장, 계 17:14, 19장).

그러므로 곡식을 곳간에 넣는 일은 반드시 그리스도의 왕국에서 악한 것들을 거두어 풀무 불 속에 던져 넣는 일이 먼저 있고 나서 진행될 것이다. 이 땅에서 심판이 진행되는 동안 천상의 성도들을 이 땅에 묶어두려고 하는 것은 성경의 일반적인 진술과는 어긋난다. 이런 것이 우리의 성경 분별이다. 만일 가라지를 단으로 묶어 태우는 것이 마지막 불로 심판하는 일과 같은 것이라면, 그들에 대한 최종적인 심판은 참 성도들을 곳간에 거두어들이기도 전에 이루어져야만 한다. 과연 가라지에 대한 "현재적 존재의 종말"이 성도들이 그리스도와 함께 있기 전에 일어나는 일인가? 게다가 의인들이 자기 아버지의 나라에서 해처럼 빛나는 것은 현재 시대에서 일어나는 일이 아니라, 심판의 추수가 마감되고 난 후의 일이다. 의인들이 자기 아버지의 나라에서 해처럼 빛나게 되는 것은 그야말로 새로운 시대가 열린 것이다. 반면 곡식을 곳간에 거두는 일은 추수 후에 또는 이 시대의 끝에 일어나는 일이다. 그렇다면, 수확 또는 시대의 끝은 확실히

한 시점을 가리키는 것이 아니다. 주님은 "먼저" 무슨 일이 일어날지를 설명하신 것이다. 그렇다면 유일한 질문은 "성도들의 휴거는 심판 전에 일어나는 것인가?"다. 모든 성경은 "그렇다"라고 대답한다. 성도들은 그리스도와 함께 심판하러 올 것이다. 그들은 영광 중에 그리스도와 함께 나타날 것이다. 비유의 순서와 그에 대한 설명은, 먼저 가라지를 모아서 묶고, 그 다음에 곡식을 곳간에 넣는 것이다. 그리고 심판을 집행하면서, 그 가라지들을 천국에서 거두어 내고 불에 태운다. 그리고 나서 의인들이 해처럼 빛나게 될 것이다.

성경에 따르면, 그 때 천상의 성도들은 어디에 있게 되는 것인가? 악인은 주의 존전에서 떠나가 영원한 멸망의 형벌을 받게 될 것이다(살후 1:9). 이 심판이 집행될 때, 성도들은 여전히 땅 위에서 변화되지 않은 상태로 있을 것인가, 아니면 이미 휴거되어 변화된 상태로 있을 것인가? 만일 성도들이 이 땅에 여전히 변화되지 않은 채로 있고 또 부활이 아직 일어나지 않았다면, 다음과 같은 말씀들을 모두 부정하는 것이 되어 버릴 것이다. "주께서 그 수만의 거룩한 자와 함께 임하셨나니."(유 1:14) "나의 하나님 여호와께서 임하실 것이요 모든 거룩한 자들이 주와 함께 하리라."(슥 14:5) "하늘에 있는 군대들이 희고 깨끗한 세마포 옷을 입고 백마를 타고 그를 따르더라."(계 19:14) "우리 생명이신 그리스도께서 나타나실 그 때에 너희도 그와 함께 영광 중에 나타나리라."(골 3:4) 그러나 성경은 이러한 것들을 명백하게 선언하고 있다. 즉, 성도들은 이미 주님을 만나기 위해 휴거되어야만 한다. 만일 그렇다면, 가라지의 비유에 대한 저자의 설명은 잘못된 것이며, 가라지를 먼저 거두어 불사르게 단으로 묶는 것을 실제로 불에 태워지는 것으로 잘못 해석한 결과에 매달리기 때문이다. 이러한 해석은 추수의 시기를 어느 하나의 시점으로 보기 때문이기도 하다. 그러한 요소들을 확실히 보지 못하는 사람은 그에 따른 결과를 감수할 수밖에 없다.

다니엘서 7장에서 암시되어 있는 것과 작은 뿔의 신성모독 이후에 인자를 왕국과 연결시키려는 노력은 잘못된 것이며, 적어도 편견의 소산물이라고 할 수 있다. 왕국을 받아들이는 일은 작은 뿔의 신성모독 이후에 되어지는 일이 아니라, 짐승이 심판을 받고 신성모독했던 모든 것이 멸망을 받은 이후에 되어진다. 따라서 그 구절을 적그리스도가 활약하는 기간 동안 이 땅에 교회가 남아 있을 것으로 적용하게 된다면, 그 구절은 동일하게 교회가 짐승의 멸망 후에도 이 땅에 있을 것을 증명하는 것으로 적용해야만 할 것이다. 이런 해석은 본문에 담긴 뜻에서 너무도 거리가 멀다. 왜냐하면 하늘의 성도들이 그리스도와 함께 심판하러 오기 때문이다. 예언은 지상에 설립되는 천국에 대해서 말하고 있으며, 첫째는 짐승에 대해서, 그 다음은 인자에 대해서 말하고 있다. 교회의 자리나 분깃에 대해선 전혀 언급되고 있지 않다. *이 천국은 하늘 아래 땅 위에 설립되는 왕국이다.* 그리고 예언의 말씀은 (다른 모든 성경과 같이) 심판할 권세가 지극히 높으신 이의 성도들에게 주어질 것으로 말하고 있다. "나라와 권세와 온 천하 나라들의 위세가 *지극히 높으신 이의 성도들의 백성에게* 붙인 바 되리니 그의 나라는 영원한 나라이라."(단 7:27, KJV 직역) 이것은 성경의 전체적인 취지와 뜻이 이러한 시스템을 유지하는 것 때문에 상실되어 버릴 수 있는지에 대한 추가적인 증거일 뿐이다. 만일 세부적으로 들어가게 되면, 우리는 보좌가 심판이 시작되기도 전에, 사실상 심판을 위해서 세워지는 것을 보게 될 것이다.

    누가복음 19장 11-27절에 대한 논쟁을 살펴보자. 거기서 저자는 "우리는 우리의 즉각적인 소망으로서 주님을 바라보아선 안된다"(소책자, 11쪽)고 말했다. 왜냐하면 저자는 "지상에서 주님의 공생애 기간 동안 천국에 대한 조급한 기대가 있었는데, 거기엔 아무런 힘도, 심지어 아무런 느낌도 없었기 때문"(소책자, 11쪽)이라고 했다. 그 당시 어떤 사람들은 메시아께서 영광 중에 나타나 이스라엘을 구해줄 것으로 기대했다. 그러나 주님은 자신이 거절당하실 것과 아버지께로 가서 왕권을 받아 가지고 다시 돌아오실 것을 말씀하셨고, 그 동안 그분의 종들이 그분을 진실하게 섬겨야 할 것을 강조하셨다. 그렇다면 이러한 생각이 그분의 종들이 지금 유대인들보다 더욱 그분의 오심을 기대해선 안된다는 것을 입증해주는 것일까? 정말 이상한 추론이 아닐 수 없다.

요한복음 16장 2-4절과 같은 본문은 성도들에게 닥칠 시련과 박해를 말하고 있다. 그리스도의 오심을 사모해야 할 최고의 이유는 아니지만, 적어도 성도들을 그들이 처한 상황에서 건져주실 그리스도를 바라보아야 하는 매우 강력한 이유는 된다. 제자들이 세상에서 당하는 고난은 그들로 하여금 그리스도의 재림을 열망하게 해주는 기폭제이기 때문이다.

만일 우리가 서신서로 눈을 돌리게 되면, 그리스도의 나타나심과 우리의 책임이 연결되어 있는 또 다른 종류의 본문을 볼 수 있다. 디모데전서 6장 14절과 같은 구절을 이해하기 위해서는 몇 가지 살펴볼 내용이 있다. 교회의 휴거는 책임과는 아무 상관이 없다. 휴거는 하나님의 주권적 은혜에 속한 최고의 축복의 성취이기 때문이다. 이것은 그리스도께서 우리를 자기 자신에게로 데리고 가시고자 오시는 것이며, 그리스도께서 계신 곳에 우리도 있게 하려는 것이다. 이제 주님이 예언적으로 말씀하셨고(마 16, 18장) 또 사도행전에서 주님이 구원받는 사람들을 교회에 더하신 역사적인 사실 외에는 교회에 대해서 말한 사람은 바울 외에는 없다. 교회는 하나님 안에 숨겨져 온 비밀(a mystery hidden in God)이었다. 신약 성경 가운데 바울의 서신서 외에는 교회를 언급하고 있지 않다. 왜냐하면 다른 서신서에선 지역 교회에 대한 언급이나 심지어 암시조차 없기 때문이다. 성도 개인들의 다양한 특권에 대해선 언급하고 있지만, 이상하게도 바울 외엔 어느 누구도 교회에 대해선 언급조차 하고 있지 않다. 그런 이유 때문에 오직 바울만이 교회의 휴거에 대해서 말하고 있다. 왜냐하면 휴거는 교회의 특권과 연결되어 있기 때문이다. 다른 서신서에서 그리스도의 재림이 언급되는 경우, 그것은 심판의 시간을 가리킨다. 반면 성도에게 있어선 의와 영광이 나타나는 시간이며 또한 하나님의 섭리와 통치가 이 세상에 나타나는 시간을 가리킨다. 이 점은 하나님의 주권적인 은혜에 의해서 주어지는 특권의 측면과는 달리 성도들의 책임을 묻는 측면도 있다는 뜻이다. 왜냐하면 그리스도의 재림과 연결되어 있는 심판은 또한 성도들의 심판과 응벌을 포함하고 있기 때문이다. 이 경우 그리스도의 재림은 그리스도 안에서 성도들에게 주권적인 은혜로 주신 복의 측면이 아니라 그리스도의 통치의 일부다. "휴거"를 부인하는 사람들은 이 모든 것이 서로 혼합되고 혼재될 수밖에 없다. 이러한 성경적인 분별을 거부하게 되면 영적인 어둠 속에 빠져들 수밖에 없다는 사실을 명심해야 한다.

이제 세상과 관련해서, 심판을 집행하고자 오시는 그리스도의 재림의 측면을 살펴보자. 그리스도의 오심(coming) 또는 강림(presence)이라는 말은 그리스도께서 하늘이든 땅이든 그분의 창조 세계에 돌아오시는 일과 연결된 모든 것을 아우르는 표현이다. 세상과 관련해서, 그리스도의 오심은 그분의 나타나심, 그분의 지상강림, 그분의 오심의 나타나심, 또는 그분의 영광의 나타남 등으로 불리고 있다. 이처럼 여러 가지 이름으로 불린다. 그리스도와 연합을 이루고 있는 성도는 이러한 그리스도의 지상 강림과는 아무런 연결점이 없다. 왜냐하면 그리스도께서 나타나실 때, 함께 나타날 것이기 때문이다.

그렇다면 성도들은 그리스도의 나타나심을 사랑하고 기다려야 하지 않을까? 물론 그렇게 해야 한다. 이것은 악을 제거하고 또 이 땅에서 악의 세력을 없애는 일이다. 이렇게 함으로써 우리는 영광 중에 그리스도와 함께 나타나게 될 것이다. 그 때 공의 가운데 하나님의 영광과 그 열매와 축복과 권능이 모두 드러나게 될 것이다. 피조물의 썩어짐의 종노릇 하는 가운데서 탄식과 고통 아래 있던 모든 것들이 해방을 누리게 될 것이다. 그리스도께서 권력을 잡으시고, 사탄이 묶이게 되고, 선과 의의 통치가 확립됨으로써 전체 장면이 바뀌게 될 것이다. 성도들은 그리스도의 나라가 세워지고, 그리스도의 영광이 빛나고, 인간과 창조세계가 풍성한 복을 누릴 것을 생각하며 기뻐하지 않을 수 없을 것이다. 그리스도의 뜻에 따라 모든 것이 질서와 조화를 이루게 된다는 것이 마음의 기쁨이다. 그리스도의 통치를 통해서 하나님의 복을 누리는 시대가 열리는 것이다. 억압하는 일이 끝나고, 악이 없는 상태에서 평화와 진정한 자유가 다스리며, 하나님의 모든 약속이 이루어지며, 하나님의 선하심이 모든 영혼을 만족시키고, 그리스도께서 영광을 받으실 것이다. 이 땅을 다스리는 그리스도의 통치에 대해서 생각해볼 때, 우리 마음은 그대로 순종하고 따를 것이며, 우리의 본성 또한 그것을 열망하게 될 것이다. 우리는 그리스도의 나타나심을 사랑한다. 그 날은 공의로운 해가 떠올라서 치료하는 광선을 비추는 날이다(말 4:2). 우리가 이러한 그리스도의 지상 통치를 받는 백성이 되지 않을 것이라는 사실은 이기적인 말로 들릴 순 있지만, 진리의 말씀을 옳게 분변하는 영혼들에겐 한없는 하나님의 은혜에 감사하면서 기뻐하게 될 것이다. 진리의 말씀을 옳게 분변하지 못하는 토대 위에서 세워진 신학시스템은, 우리가 이러한 지상통치의 측면에 대해서 관심이 없는 것처럼 비칠 수 있다. 그럼에도 우리는 지상통치의 대상이 되지 않을 것이다. 왜냐하면 우리는 흙에 속한 자의 형상을 벗고 하늘에 속한 자의 형상을 입을 것이며, 영광스러운 존재로 변화될 것이기 때문이다.

그렇다면 어느 부류에 속하는 것이 최고의 복에 들어가는 것일까? 여전히 피조물의 썩어짐 아래 종노릇해야 하는 가족에 속하는 것과 거기서 해방되어 하나님의 은혜를 기뻐하고 즐거워하는 가족에 속하는 것, 당신의 믿음은 어디에 있는가? 영적으로 제대로 된 마음을 가진 사람이라면 한순간도 의심하지 않고 즉각 선택할 것이다. 거듭난 사람이라면 누구나 그리스도의 나타나심을 사랑해야 한다. 이는 그리스도께서 그분의 권세를 소유하실 것이며, 또한 우리가 지나온 힘들고 어려웠던 장면조차도 공의로운 해의 광선 아래서 밝아질 것이며, (하나님을 찬송하자!) 구름 한 점 없는 아침처럼, 비 온 뒤에 빛나는 밝은 햇살 아래서 온 세상이 밝아질 것이기 때문이다. 우리 자신의 분복에 대해서 말하자면, 사실, 그리스도의 나타나심은 우리 자신이 영광스럽게 변화된 존재로, 그리스도와 함께 영광 중에 나타나는 시간이다. 의심의 여지 없이, 그리스도의 나타나심을 사랑하는 사람은 이것 이상의 더 많은 것을 바라본다. 그것은 현재 하나님이 소유하고 계신 세상을 사탄이 다스리고 통치하고 있지만, 곧 그 세상 나라가 그리스도께서 다스리는 복된 통치의 세상으로 변환되는 것을 내다볼 것이다. 지금은 사탄의 세력에 의해서 억압을 받고 있는 세상이 그리스도께서 친히 온 우주 가운데 그분의 정당한 자리를 차지하고 다스리는 세상으로 바뀌는 것이다.

공중에서 주님을 영접하고자 휴거되는 것은 우리에게 정해진 복이며 고차원적인 축복이다. 이로써 우리는 항상 주님과 함께 있게 될 것이다. 사도 바울은 여기까지 말하고, 그 다음은 이 주제에 대해서 아무 말도 하지 않는다. 하지만 하나님의 통치와 연결된 모든 측면에서 볼 때, 그리스도의 나타남 또는 그리스도의 강림은 이 피조 세계와 관련이 있다. 그러므로 우리가 그리스도의 나타남을 사랑하는 것은, 과연 우리가 그리스도의 권위와 하나님의 축복을 더 사모하는지, 아니면 사탄이 왕 노릇하고 있는 이 세상에서 여전히 기쁨을 추구하고 있는지를 시험하는 시험인 것이다. 그렇다면 우리의 책임에 대한 부분은, 바로 하나님의 통치의 측면과 상급의 문제와 연결되어 있으며, 따라서 그리스도의 나타남 또는 지상 강림은 항상 이 상급이란 주제와 연관해서 나타나고 있음을 볼 수 있다. 그리스도는 세상뿐만 아니라 그분의 종들도 심판하실 것이다. 하지만 세상을 심판하는 것과 자기 종들을 심판하는 일에는 분명 차이가 있다. 우리는 모두 하늘로 휴거될 것이다. 여기엔 차이가 없다. 사도의 생명과 의(義)는 나와 같다. 우리는 다 하나님의 아들의 형상을 본받게 될 것이며, 이로써 그리스도는 많은 형제들 가운데서 맏아들이 되실 것이다. 그러나 데살로니가 교회 사람들은, 우리의 면류관이 아니라 바울의 면류관이 될 것이다. 모든 사람은 자기의 수고에 따라서 자기의 상을 받게 될 것이다. 모든 사람의 공로(또는 행위)가 그 날에 나타나게 될 것이다. 이는 그 날이 그것을 밝히 드러낼 것이기 때문이다.

아버지의 나라
The Kingdom of the Father

"천국(Kingdom of Heaven)" 뿐만 아니라 "내 아버지의 나라(Kingdom of my Father)"(마 26:29) 또는 "자기 아버지 나라(their Father's Kingdom)"(마 13:43)라는 말은 마태복음에만 나오는 독특한 용어다. 이 용어는 지상에 오시는 메시아 왕을 고대하는 유대인들을 위한 용어다. 유대인들은 지상에 세워지는 메시아 왕국의 신하들이 되는 것이 아니라, 그것보다는 더 나은 것, 즉 그들은 아들들이 될 것이다. 예수께서는 (부활하신 후 지상 왕국의 왕으로서, 유대인들 뿐만 아니라 세상을 통치하시는 주권자로서 그들에게서 경배를 받으시는 것을 거절하시고,) 하늘로 올라가심으로써 자기 아버지이자 또한 그들의 아버지, 자기 하나님이자 또한 그들의 하나님에게로 가셨다. 하지만 죽은 자들 가운데서 부활하심으로써 성결의 영을 따라서 권능으로 하나님의 아들로 선포되셨기 때문에, 이제 그들은 아들 메시아의 다스림을 받는 것이 아니라 오히려 그들의 아버지의 나라에서 아들들이 될 것이며, (보라 아버지께서 어떠한 사랑을 우리에게 베푸사 하나님의 자녀라 일컬음을 받게 하셨는가!) 또 예수께서는 아버지께서 나라를 자신에게 맡기신 것같이 그들에게 맡기실 것이며(눅 22:29), 또 예수께서 아버지의 보좌에 앉아 계신 것처럼 그들 또한 그리스도의 보좌에 앉게 될 것이다. 지금 그리스도는 아들로서 아버지와 함께 계시며 또한 우리는 그리스도의 나라 또는 아버지의 나라에서 아들들로서 그리스도와 함께 있게 될 것이다. 아들이신 그리스도는 세상 모든 나라를 다스리는 통치의 보좌에 앉으실 것이며, 세상 나라를 자신의 나라로 삼으실 것이다. 그 때 우리는 아버지의 자리에 앉아 계신 그리스도와 함께 하게 될 것이다. 그리스도는 아들로서 우리와 함께 하게 될 것이다. 여기서 중요한 포인트는 그리스도께서 아들이라는 점이다. 왜냐하면 아들은 세상 나라를 다스리는 통치권을 가진 존재이기 때문이다. 우리는 그리스도의 나라에서 함께 다스리고자 보좌들에 앉게 될 것이다. 성경은 그냥 "아버지의 나라"로 부르지 않고, "내" 또는 "그들의" 아버지의 나라로 부른다. 이 아버지의 나라는 "성도 안에서 하나님의 기업"(엡 1:18)으로 불리며, 따라서 하나님을 "영광의 아버지"로, 또한 우리를 "하나님의 나라와 영광으로 부르셨다"고 말한다. 이것은 그야말로 우리를 매우 특별한 자리로 승격시켜주는 것이며, 우리 자신을 또한 우리의 존재를 지극히 높이는 일이다. 그 때 만물이 그리스도께 복종할 것이며, 우리를 구속하시는 역사를 이루신 그리스도께 모든 영광이 돌려지게 될 것이다. 그 때 그리스도께서는 아들로서 우리와 함께 하실 것이며, 아버지의 나라에서 아들들로서 함께 하게 될 것이다. 그 때까지 그리스도는 자신의 지상 왕국이지만, 아직 통치권을 돌려받지 못한 세상 나라를, 그렇기 때문에 불순종의 여지가 남아 있는 세상 나라를 여전히 통치하고 계신다. 우리는 지금 땅에 있기 때문에,

그러므로 인내가 필요하다. 이런 것이 요한복음 17장 후반부에 잘 설명되어 있다.

이 모든 것이 참으로 경이로운 일이긴 하지만, 모든 영광은 우리를 구속하신 하나님께 있다. 우선적으로 이 모든 역사는 예수께서 경이로운 자리에 들어가셨고 또 부활의 권능을 나타내셨기 때문에 가능한 일이며, 이로써 천년왕국이 시작되는 시점에 성도들의 부활이 있을 것이다. 이로써 우리를 부르신 하나님께 합당히 행하는(살전 2:12) 일의 중요성이 부각된다. 우리는 또한 에베소서 1장의 마지막 부분과 2장의 힘을 느낄 수 있다. 이 아버지의 나라에 이방인들도 참여하게 될 것이며, 내 생각엔 더 나아가, 신부 곧 어린 양의 아내, 그리고 모든 성도들이 여기에 참여하게 될 것으로 보인다.

나는 이 주제가 고린도전서 15상에서, "나라를 아버지 하나님께 바칠 때"(24절)라고 말하고 있는 구절을 전체적으로 설명하고 있다고 생각한다. 이것이 바로 요한계시록에 계시된 내용이다. 즉 그 때 성도들은 그리스도와 함께 통치하게 될 것이다.

앞에서 살펴본 아버지의 나라에 대한 개념은 요한복음 14장에서 풍성한 증거들과 함께 펼쳐져 있다. 이 주제는 이 구절과 연결되어 있다. "일찍이 내가 유대인들에게 너희는 내가 가는 곳에 올 수 없다고 말한 것과 같이 지금 너희에게도 이르노라."(요 13:33) 해결방법은 "(너희가) 하나님을 믿으니"(요 14:1)였다. "하나님은 너희와 함께 하지 않으신다. 그래서 너희가 갈 수 없기에 내가 가는 것이다. 나를 믿으라." 이런 것이 그들이 들어간 자리이자 행복의 위치였다. "나를 믿으라 … 내가 너희를 위하여 거처(a place for you)를 예비하러 가노니 가서 너희를 위하여 거처를 예비하면 내가 다시 와서 너희를 내게로 영접하여 나 있는 곳에 너희도 있게 하리라." 이것은 필연적으로 아버지의 위치를 열어서 보여준다. 이것이 곧 아버지의 집이다.

그리고 나서 우리가 흔히 "천년왕국"으로 불리는 것을 믿는다는 것 외엔 달리 아무런 믿음의 내용이 제시되고 있지 않고 있음을 볼 수 있다. 우리가 그런 것에 대해 아는 것이 전혀 없다는 말이 아니라 우리가 이런 것을 믿고 있다는 사실 외엔 그리스도께서 십자가에 못 박히신 의미의 전체적인 그림을 온전히 알고 있지 못하다는 것이다. 사실 십자가에 참 가치와 진정한 중요성을 부여하는 것은 그리스도의 위격일 뿐만 아니라 고난을 받으신 그리스도께서 입고 있는 현재적인 영광이다. 그리고 그리스도의 부활이 이 점을 선포하고 있다. 이것은 곧 아버지의 영광 속에서 그리스도를 보고 또 그리스도의 아들 됨의 영광 속에서 그리스도를 보며, 지금 거처를 준비하고 계시는 그리스도를 보는 것이다. 만일 우리가 지금 믿는 것이 진실이 아니라면, 그러면 우리의 믿음은 헛것에 불과한 것이 된다. 만일 그렇게 드러난 영광이 우리의 현재적 믿음을 확증해주지 않는다면 우리의 믿음은 헛것이며, 사실상 아무 것도 아닌 것이 된다.

그리스도께서 지금 아버지의 보좌에 앉아 계시다는 것은 우리가 장차 들어가게 될 자리와 보좌를 이해하는 데 절대적으로 필요하다. 그러므로 현재 우리 믿음의 대상이신 그리스도를 떠나게 되면 우리는 아무 것도 알 수 없게 되며, 이 점이 십자가의 희생에 가치를 부여해준다. 즉 계시된 영광에 대한 믿음만이 이방인들의 진정한 믿음이며, 오히려 교회의 믿음이다. "나를 믿으라 … 내가 가노니 … 너희를 위하여 거처(a place for you)를 예비하면 내가 다시 와서 너희를 내게로 영접하여 나 있는 곳에 너희도 있게 하리라." 그렇다면 "내가 어디로 가는지 그 길을 너희가 아느니라 … 내가 곧 길이요 진리요 생명이니 나로 말미암지 않고는 아버지께로 올 자가 없느니라"는 말씀은 무슨 뜻일까? 생명은 여기 이 땅에서 당신이 누릴 수 있는 생명이다. "아버지께로 올 수 있는 사람이 아무도 없기에" 그리스도께서 자리를 예비하고자 가셨다. 사실 아버지께로 가셨다. 그리스도는 거기서 아버지와 함께 하는 자리를 예비하고 계신다. 우리는 그 자리를 알고 있다. 즉 현재 우리가 굳게 붙들어야 하는 믿음은 그리스도께서 마련하고자 가신 곳, 아버지와 함께 계시는 곳에 대한 자리의 믿음이다. 그곳은 그리스도께서 계신 곳이고, 또한 우리가 아버지 집에서 그리스도와 함께 아들들로 살게 될 곳이다. 그리스도께서 아버지의 보좌에 앉아 계신 것처럼 우리가 그리스도의 보좌에 앉게 되는 곳이다. 그 때 그리스도는 아버지의 보좌에 앉아 계시지 않을 것이다. 그리스도는 아들이시며 또 우리는 아버지의 나라에서 그리스도와 함께 아들들이며, 그리스도의 나라에서 아들들로서, 그리스도와 하나가 되어 그리스도와 함께 그리스도의 보좌에 앉을 것이며, 그리스도를 보듯이 그리스도 안에서 아버지를 보게 될 것이며, 우리는 그리스도와 연합을 이루고 있지만 여전히 각자의 개성이 보존될 것이다.

그 때 주님이 우리를 넣어주실 위치와 자리가 무엇인지는 명백하게 제시되었다. 다만 아버지의 보좌에 앉는 것은 오직 그리스도에게만 허락되었다는 사실이 공표되었다. 이 모든 것이 개인적으로 다소 모호할 순 있지만, 그럼에도 나에겐 내 마음에 각인되어 있는 성경을 이해하는 단서로서 작용하고 있으며, 그리스도 안에서 역사하시는 성령의 역사를 통해서 내가 아버지와 아들과 함께 하는 사귐을 나누게 되면, 나는 더욱 그리스도께서 가신 곳과 그 가는 길을 알고 또한 다가오는 영광을 볼 수 있게 된다. 만일 내가 아버지의 보좌에 앉아 계신 그리스도를 본 일이 없다면, 나는 보좌를 보지 못했을 것이고, 그렇다면 내가 들어가게 될 자리 또한 볼 수 없을 것이다. 그리스도께서는 지금 보좌로 가셨고, 우리에게 보좌를 보게 하심으로써 우리에게 보좌를 계시하는 일을 하고 계신다. 왜냐하면 우리는 그리스도를 봄으로써 아버지를 보고, 그리스도를 통해서 아버지를 알 수 있기 때문이다. 우리는 그리스도에게 나아와 나의 자아를 십자가에 못박고 그리스도와 함께 살리심을 받음으로써 그리스도와 연합을 이루게 되면, 그리스도의 영광을 보게 되고 또한 그 영광을 우리 믿음의 소망으로 품게 된다. 그러므로 만일 이것이 진리로 확증되지 않는다면 우리 믿음의 모든 소망은, 즉 아버지의 나라에서 아들이신 그리스도와 함께 함으로써 누리게 될 모든 영광과 모든 복은 다 헛것이 되고 말 뿐만 아니라 우리가 그리스도와 하나됨을 이룬 자로서, 또한 그리스도와 연합의 권능 가운데서 누리게 될 신령한 복도 헛것이 되고 말 것이다.

이런 것이 바로 아버지와 그의 아들 예수 그리스도와

더불어 누리는 우리의 사귐인 것이다! 오 주여, 이 사귐의 실체를 우리에게 실제화 되게 해주소서!

　나는 여기에 요한복음 17장 24절과 그 이유를 덧붙이고자 하는데, 이렇게 함으로써 우리의 자리에 대한 이해를 열어주고자 한다. 더 나아가서, 아버지께서 사랑의 원천이란 사실을 마음에 새길 필요가 있다. 즉 우리는 아버지란 이름 안에서, 오직 그 안에서만 정말로 사랑을 안다. 아들은 모든 권능의 사역자다. 아버지께서는 권능을 주시는 일을 해도, 직접 권능을 행사하지는 않으신다. 그러므로 주님은 "내게 주신 영광을" 즉 현재적인 영광을 "내가 그들에게 주었사오니 이는 우리가 하나가 된 것 같이 그들도 하나가 되게 하려 함이니이다"(요 17:22)라고 말씀하셨다. 그리고 "아버지께서 나를 보내신 것과 또 나를 사랑하심 같이 그들도 사랑하신 것을 세상으로 알게 하려 함이로소이다"(요 17:23)라고 말씀하셨다.

　그리고 나서 주님은 부르심을 받은 모든 자들, 곧 아버지께서 자신에게 주신 모든 사람들을 향해 "내가 아버지의 이름을 그들에게 알게 하였고 또 알게 하리니 이는 나를 사랑하신 사랑이 그들 안에 있고 나도 그들 안에 있게 하려 함이니이다"(요 17:26)라고 말씀하셨다.

그렇다면 아버지를 경배하는 일은 사랑의 확실성에 뿌리를 내리고 있다. 우리는 아들이신 예수를 바라본다. 왜냐하면 아들이신 예수께서 하나님의 섭리적인 질서와 모든 권능을 잡고 계시기 때문이다. 이 사실에 주목하라.

요한복음은 이러한 순서를 따라서 진행된다. 따라서 주님은 메시아로서 자신이 입고 있는 영광으로 자신을 나타내신 것이 아니라, 오히려 아버지의 영광을 드러내심으로써 자신을 나타내셨다. "아버지를 이 세상에서 영화롭게 하였사오니"(요 17:4)라고 말씀하셨고, 또 다시 "내게 주신 아버지의 이름으로 그들을 보전하고 지키었나이다"(요 17:12)라고 말씀하셨다. 주님은 이 일을 메시아로서 하신 것이 아니었다. 주님은 이 일을 자신의 이름으로 하신 것이 아니라 아버지의 이름으로 하셨다.

주님은 아들로서, 증언하는 자로서 자신을 나타내셨다. 이 점은 나사로를 다시 살리신 일을 통해서, 죽은 자를 다시 살리는 권능을 통해서 완전히 드러났다. 그 때 그 일이 그들에게 증거하시는 마지막 증언이었다. 요한복음 11장 47절은 유대인들이 그리스도를 민족적으로 거절하기를 결단하는 장면을 보여주며, 54절은 주님이 그들에게 떠나가시고, 56절은 그들이 주님을 다시 찾는 장면을 보여준다. 이로써 주님은 부활 권능의 동반자로서 그들에게서 분리되셨고, 다만 예언적으로만 자신을 나타내셨다. 이는 그들이 자신의 메시아, 곧 하나님의 아들이신 그리스도를 거절함으로써 그들에게 닥칠 불운한 운명이 무엇인지를 보여준다. 이제 이스라엘에겐 그리스도를 거절한 죄로 인한 수치와 정죄만 남게 되었다.

부활의 증언은 이스라엘 백성으로 하여금 그리스도를 영접해야만 하는 당위성을 부여했으며, 그리스도를 아버지께서 보내신 분으로 인정하게끔 했다. 이스라엘이 그리스도를 거절한 결과 이방인의 때가 시작되었다. 만일 그들이 자신들의 왕을 거절하지 않았다면 이스라엘은

"아름다움과 띠(Beauty and Bands)"가 되었을 것이고, 암밈(백성)으로 인정을 받았을 것이다.

요한복음 12장 35,36절은 그리스도께서 이스라엘 백성에게 증거의 말씀을 주신 후 그들을 떠나가시는 장면을 보여준다. 이는 그리스도께서 메시아로서 그분의 증언을 포기하지 않으셨으며, 자신의 죽음의 필요성 때문에 위축되지 않으셨음을 보여준다. 37-43절은 이스라엘 백성이 그리스도를 믿지 않은 결과, 징벌적 차원에서 소경된 것을 말해준다. 44절은 앞에서 언급했지만, 자신이 아버지의 보내심을 받아 왔으며, 아버지를 (즉 아버지의 말씀과 아버지의 영광을) 계시한 결과 거절당하게 될 것을 선포하는 위대한 선언이다. 그리고 나서 46절에선 그 결과를 선언하셨다(36절과 비교해보라). 그리고 "사람이 내 말을 듣고 지키지 아니할지라도 내가 그를 심판하지 아니하노라 내가 온 것은 세상을 심판하려 함이 아니요 세상을 구원하려 함이로라"(47절)고 말씀하셨다. 여기엔 결과적으로 책임의 문제가 담겨 있다. 49절은 주님이 하신 모든 말씀은 그들이 믿든 믿지 않든 아버지의 말씀이었으며, 또한 보았건 보지 못했건 아버지의 영광을 나타내셨음을 말하고 있다.

요한복음 13장에서, 우리는 제자들을 위한 그리스도의 독특한 사역과 직분을 볼 수 있다. 즉 사랑 안에서 이루어지는 그리스도의 희생으로부터 시작하여 영광으로 들어가셨음에도 불구하고 여전히 사랑 안에서 제자들을 섬기시는 그리스도의 섬김을 볼 수 있다. 그리스도의 사랑은 "자기 사람들을 사랑하시되 끝까지 사랑하시는"(1절) 사랑이며, 친히 제자들의 발을 씻기시는 사랑이었다. 이러한 사랑이 요한복음 끝까지 펼쳐져 있다.

이 모든 일 속에는 또 다른 것이 펼쳐져 있다. 그것은 아버지의 보좌에 앉아 계시는 그리스도의 위격에 속한 영광이 얼마나 영광스러운 것인가에 대한 계시다. 우리는 지금 그리스도를 이러한 특징을 가지고 계신 분으로 알고 있으며, 그리스도께서 사람으로서 또한 땅에 있는 집을 다스리는 주권자로서 영광 중에 계시는 지금 우리는 그리스도와 연합을 이룬 자로서 그분과 함께 하는 아들들이다. 그러나 그리스도의 나라의 완전한 질서가 세워질 때까지, 하늘에 있는 것들과 땅에 있는 것들이 그리스도 안에서 통일을 이룰 때까지 우리는 여기서 기다려야 한다. 여기서 "그리스도 안에서"란 말은 그리스도의 위격에 속한 영광과 아버지와 함께 하는 그분의 아들됨과 그리스도와 연합을 이룬 사람들의 영광을 표현하는 용어다. 이것이야말로 가장 영광스럽고 축복된 관점이며, 이런 관점에서 요한계시록이 주어졌다. 즉 영광의 주님은 여호와이시지만, 아들 안에 있는 여호와이시다. 하나님의 보좌가 등장하지만, 이것은 예수의 위격 안에 영원히 살아계시는 분의 보좌다. 그러므로 어린 양께서 그 보좌 가운데 서계시는 모습을 볼 수 있다. 보좌에 앉아 계신 아버지께서도 보이는데, 사실 아버지의 보좌이며, 하나님의 보좌다. 여호와께서 하나님으로 계시되고 있다. 우리는 이렇게 보좌에 앉아 계신 하나님을 "아버지"라고 말할 순 있지만, 아들이시며 또한 어린 양께서도 보좌에 앉아 계신 것을 볼 수 있다. 그리스어로 요한계시록 7장 10절과 17절을 보라. 이것은 매우 중요하고 복스러운 점이다. 하나님의 보좌와 어린 양의 보좌가 항상 다른 것은 아니지만, 둘은 뚜렷이 구분된다. 요한계시록 22장 3절은 "하나님의 보좌와 어린 양의 보좌(the throne of God and of the Lamb)"를 구분하고 있다.

천국(the Kingdom of Heaven)과 아버지의 나라와 아들의 나라는 천년왕국에서 온전한 실체를 드러낼 것이다. *천국은 지상에 있는 유대인들에게 주어지는 나라이지만, 교회는 하늘에서 천년왕국의 영광에 참여하게 될 것이며,* 천국에는 아버지의 보좌와 아들의 보좌가 있을 것이다. 현재 아들이신 그리스도는 아버지의 보좌에 앉아 있으며, 그 두 개의 보좌가 합쳐질 때까지 아들께서는 아버지의 보좌에 앉아 계실 것이다. 이런 것이 교회의 지위다. 땅은 아들의 나라의 현장이지만, 교회는 하늘의 아버지의 나라에서 그리스도와 함께 하는 아들들로서 그리스도의 보좌에 함께 앉는 영예를 누리게 될 것이다. 그러므로 현재 지상에 있는 교회에 속한 우리는 주님이 아버지의 보좌에 앉아 계신 그 기대되는 상태를 바라보면서, 이 땅에서 그리스도의 수치를 짊어져야만 하는 명백히 이상한 상태(이런 것이 영광의 길이다)에 처해 있다. 장차 그리스도는 그 아버지의 보좌를 떠나, 이 땅으로 돌아오실 것이다. 그러므로 우리는 요한계시록에서 어린 양에게 일곱 뿔이 있고 또 그 뿔에 일곱 눈이 있는 것을 볼 수 있다. (뿔은 통치권에 대한 상징이다.) 그러므로 그리스도는 (영광과 경배의 대상으로서 보좌 앞에 있는) 하나님의 일곱 영을 온 땅에 보내심으로써 자신의 교회를 다스리고 섬기는 일을 하신다. 따라서 교회의 지위는 요한계시록을 통해서 매우 뚜렷하게 제시되어 있다. 그러므로 우리는 하나님께서 우리를 "하나님의 사랑의 아들의 나라로 옮기셨다"(골 1:13)는 표현이 의미하는 바를 볼 수 있다.

아버지의 집
The Father's House

　요한복음 14장에서 주님은 제자들의 마음을 땅에서 끌어올려 하늘로 향하게 하심으로써 아버지께로 가시는 자신과 그들의 마음을 연합시키는 일을 하고 계셨다. 이 일은 13장부터 시작되었다. 요한복음 8장과 9장에서 우리는 그리스도께서 거절당하시는 것을 볼 수 있다. 그리고 요한복음 10장에서 그리스도께서는 모든 일에도 불구하고 자신의 양을 인도하실 것을 선언하셨다. 요한복음 11장에서 그리스도는 지상에 계시는 하나님의 아들로서 증거하는 일을 하셨다. 요한복음 12장에서 그리스도는 나귀를 타신 다윗의 아들이자 또한 헬라인들이 뵙고자 찾아온 인자로 소개되셨지만, 자신을 땅에 떨어져 죽어야 하는 한 알의 밀알로 말씀하셨다. 요한복음 13장에서 그리스도는 "세상에 있는 자기 사람들을 사랑하시되 끝까지 사랑하시는" 분으로 소개되셨다. 그리고 나서 그분은 제자들의 발을 씻기시면서, "내가 너를 씻어 주지 아니하면 네가 나와 상관이 없느니라"(8절)고 말씀하셨다. 그리스도께서 여기 이 땅에서 사람과 함께 할 수 있는 시간이 끝나가고 있었다. 왜냐하면 세상이 그리스도를 거절할 것이기 때문이다. 그래서 이 땅에 있는 제자들에게 복을 빌어주는 대신, 그리스도는 그들의 마음을 하늘로 들어 올리는 일을 하셨다. 이 요한복음의 마지막 장까지 남은 부분을 관통하는 실마리는 여기 이 땅이 아니라 저기 하늘이었다. 그러므로 우리는 여기 이 땅에서 우리의 십자가를 지고 그리스도를 따라야 한다.

요한복음 14장에서 주님은 우리를 하늘로 들어 올릴 수 있는 근거로서, 우리의 분복을 말씀하고자 하셨다. 제자들은 더 이상 그리스도와 함께 할 수 없게 된 일로 인해서 슬픔에 빠졌다. 그러나 주님은 자신이 그들을 떠나가시는 일에 대해서 "너희는 마음에 근심하지 말라"고 말씀하셨다. "너희는 육체적으로 너희와 함께 하고 있는 나를 봄으로써 하나님의 위안을 얻지 못한다. 그러니 나와 함께 하도록 하자." 그리고 "하나님을 믿으니 또 나를 믿으라." 그리스도는 하늘에서 자리(a place)를 예비하고자 제자들을 떠나가시려는 것이었다. "나는 내 아버지에게로 간다. 나는 너희를 속량했고, 이제 너희를 구속받은 자로서 내가 있던 그 동일한 관계 속에 넣어주었다. 그분은 나의 아버지이실 뿐만 아니라 너희 아버지이시며, 나의 하나님이실 뿐만 아니라 너희 하나님이시다. 나는 그곳에 홀로 있지 않을 것이다. 내 아버지의 집에는 거할 곳이 많다. 나는 너희를 위한 자리를 예비하고자 가는 것이다." 그리스도께서 가서서 예비하고자 하는 자리는 (즉 그리스도께서 그들의 마음 앞에 두신 자리는) 이러한 특별한 특징을 가지고 있었다. 즉 자녀들이 하늘에 있는 아버지 집에 영원히 거하게 되는 것이었다. 그리스도는 제자들을 그들의 하나님이자 또한 그들의 아버지 앞에서 자녀의 자리에 넣어주셨다. 그러므로 때가 되면,

그들은 아버지의 집에 가게 될 것이다. 하나님의 생각과 목적은 우리를 자신의 복된 아들이신 그리스도와 함께, 그리고 그리스도를 닮은 모습으로 그분의 집에 있게 하려는 것이었다. 그래서 주님은 "내가 다시 와서 너희를 내게로 영접하여 나 있는 곳에 - 즉 아버지의 집에 - 너희도 있게 하리라"고 말씀하셨다. *지금 아들이신 그리스도께서 계신 곳은 아버지 집의 기쁨과 축복과 안식이 있는 곳이며, 아버지의 영광으로 가득한 곳이다.* 그곳에 우리 또한 그리스도와 함께 있게 될 것이다. 바로 그것이 하나님의 목적이었다. 그것이 그리스도께서 우리를 이끌고 가고자 하시는 목적지다. 그리고 나서 그리스도께서는 자신이 다시 와서 우리를 그곳으로 데리고 가실 것이라는 복된 진리를 더하셨다. 그리스도는 제자들에게 관심을 쏟으셨고, 그것은 다른 것을 돌아볼 필요가 없을 정도로 고정된 관심이었다. 그리스도는 누군가를 보내는 것으로 만족하지 않으셨고, 그래서 친히 오실 것이다. 이 얼마나 놀라운 축복인가! 구속받은 자들로서 그분에게 모든 것이 된 우리를 위해 누군가를 대신 보낸다 해도 얼마나 영광스러운 일인가. 나에게 의미 있는 사람을 영접하는 일에 나는 누군가를 보낼 수 있다. 하지만 만일 내가 너무도 사랑하는 사랑이라면, 내가 직접 갈 것이다.

그리스도는 계속해서 우리가 이 모든 것을 어떻게 알 수 있는지를 말씀하심으로써, 그리스도께서 떠나 가 계시는 동안에도 우리 영혼이 그 안에서 살도록 하고자 하셨다. 찬송 받으실 우리 주님의 죽음은 - 구속의 역사를 위한 - 우리에게 자신처럼 그리고 자신과 함께 영원히 함께 할 수 있는 아버지의 집에 들어가 살 수 있는 자격을 주는 것이었다. 그리스도의 죽음은 우리에게 그 일을 성취하는 것이지만, 그것은 세상과 완전히 관계를 끊는 것이었다. "세상은 다시 나를 보지 못할 것이로되."(요 14:19) 그리스도는 아버지의 집으로 가고 있었고, 세상과 아버지는 정면으로 대립하고 있다. "세상과 벗이 되고자 하는 자는 스스로 하나님과 원수 되는 것이니라."(약 4:4)

그들은 그리스도에게서 외적으로 흠모할 만한 아름다운 것이 없음을 알았다. 그분께서 세상으로부터 거절을 당하셨을 때, 그분은 아버지에게로 가서 아버지의 우편 자리에 앉으셨다. 아버지께서 열납(悅納)하여 받으신 분은 세상으로부터 거절당하신 분이셨다. 사람은 그분이 사람을 위한 많은 일을 해주실 것이라는 희망을 가지고 있었다. 그리고 하나님께서는 인간의 책임과 관련된 모든 일을 다 마치셨다. 마지막으로 하나님께서는 "나에게 아들이 있으니, 그들이 내 아들은 존대하리라"고 말씀하셨다. 하지만 그들은 말하길, "이는 상속자니 자 죽이고 그의 유산을 차지하자"고 했다. 그리고 주님은 "이제 이 세상에 대한 심판이 이르렀으니"(요 12:31)라고 말씀하셨다. 순종하셨고 또 아버지에게 열납되신 분께서 세상으로부터 거절당하신 결과 아버지의 우편 자리에 앉아 계신다. 그리고 그분은 자신의 구속역사의 결과로 얻은 자기 사람들을 그곳에 있게 하실 것이다. 우리는 아들들의 자리를 얻었다. 우리는 영광을 얻게 될 것이며, 많은 형제들 가운데 장자이신 하나님 아들의 형상을 본받게 될 것이다. 그리스도께서 십자가 위에서 하신 일은 우리의 죄들을 없애는 일을 해주었으며, 이제 부활을 통해서 그 위대한 역사는 우리에게 하늘에서 그리스도와 함께 하는 자리를 줄 뿐만 아니라 또한 영광 가운데서 그분을 닮을 수 있는 특권과 은혜를 준다.

처음 세 개의 구절에 담긴 이러한 선언 후에 우리는 이제 그것을 우리 영혼에 실제화시키는 방법을 볼 수 있다. 여기엔 두 부분이 있다. 첫째, 우리 앞에 추구해야 하는 대상이다. 둘째, 우리 속에 있는 능력이다. 먼저 그리스도께서는 우리를 데리고 가고 싶어 하시는 거처(the place)를 말씀하셨다. 그곳은 아버지의 집이다. 만일 자녀가 합당한 애정을 가지고 있다면, 과연 무엇이 아버지의 집을 자녀에게 가장 중요한 것으로 만드는 것일까? 그것은 아버지께서 그곳에 계시다는 사실일 것이다. 그곳에 들어가는 복은 거기에 아버지께서 계시다는 복된 사실에 있다. 그리스도께서도 거기에 계신다. 우리가 지금 그것을 아무리 희미하게 느낄지라도 보통 우리가 천국(또는 하늘나라)에 가는 것을 이야기할 때, 사실상 그것은 아버지께로 가는 것을 뜻한다. 주님은 "나로 말미암지 않고는 아버지께로 올 자가 없느니라"(요 14:6)고 말씀하셨다. 주님은 아버지께로 가셨고 또 지금 우리를 영으로 그곳으로 이끌고 계시며, 장차 영광 속으로 들어가게 하실 것이다. 그러자 제자들은 "아버지를 우리에게 보여 주옵소서"(요 14:8)라고 말했다. 어느 누구도 하나님을 본 사람이 없다. 하지만 이제는 아버지와 아들의 복된 관계가 있고 또한 우리를 그리스도의 자리에 넣어주시는 은혜와 사랑이 있다. 그리스도께서는 우리를 아버지에게로 데리고 가고자 하신다. 그래서 그리스도께서는 "내가 어디로 가는지 그 길을 너희가 아느니라"(요 14:4)고 말씀하셨다. 도마는 하나의 장소를 생각했다. 그래서 "주여 어디로 가시는지 우리가 알지 못하거늘 그 길을 어찌 알겠사옵나이까?"(요 14:5)라고 물었다. 그러자 주님은 "내가 곧 길이요 진리요 생명이니"(6절)라고 말씀하셨다. 우리는 여기서 요점을 볼 수 있다. "나로 말미암지 않고는 아버지께로 올 자가 없느니라"(6절)는 것이다. 만일 내가 아버지를 알고 있다면, 그리스도께서 어디로 가셨는지 그리고 내가 어디로 가게 될 것인지를 알 수 있다. 빌립이 "아버지를 우리에게 보여 주옵소서"라고 말했을 때 주님은 "내가 이렇게 오래 너희와 함께 있으되 네가 나를 알지 못하느냐 나를 본 자는 아버지를 보앉거늘 어찌하여 아버지를 보이라 하느냐?"(9절)고 대답하셨다. 이 말은 곧 "너희는 이렇게 오랜 시간 동안 아들 안에서 계시된 아버지를 보았느니라. 나를 본 사람은 아버지를 보았느니라"는 뜻이다. 여기서 우리는 복된 진리를 볼 수 있다. 즉 주님께서 우리를 아버지의 집으로 데리고 가겠다고 말씀하실 때, 우리는 그 집이 얼마나 복된 곳인지를 알고 또 그 집의 중심이 무엇인지를 알게 되었다. 우리는 아버지를 알고 있다. 왜냐하면 아버지께서 아들 안에서 완전히 계시되었기 때문이다. 그리스도에게로 가면 나는 그 길을 발견한다. 나는 "거울로 보는 것 같이 희미하게" 볼 수 있지만, 그 대상을 생각해보면, 나는 그리스도 안에서 자신을 온전히 계시하신 아버지를 알고 있다. 그렇기 때문에 주 예수 그리스도의 위격을 믿는 믿음을 통해서 나는 아들로서 그리스도의 자리로 부르심을 받은 복을 알고 있다. 그러므로 그리스도는 영원한 복과 자비와 은혜의 근원이자 중심이시다. 이것은 그저 추상적인 하나님에 대한 이론이나 하늘에 있는 거룩한 천국에 대한 맹신에 대한 문제가 아니다. 나는 지금 완전한 관계 가운데 서 있고, 양자의 영께서 내 마음 속에서 아빠 아버지를 부르짖고 있으며, 나를 이러한 호의가 베풀어진 자리에 넣어준 하나님의 완전한 사랑에 감격하고 있다. 만일 내가 말하기를, 나같이 불쌍한 벌레 같은 사람이 아버지를 보았는지 그 여부를 어찌 알 수 있으리요? 라고 말한다고 해보자. 나는 이렇게 말하고 싶다. "당신은 그리스도를 보았습니까? 그저 외적인 눈으로 보았는지를 묻는 것이 아니라, 믿음으로 그리스도를 보았는지를 묻는 것입니다. 당신이 그렇다고 대답한다면 나는 이렇게 답변하고자 합니다. 그리스도를 본 사람은 아버지를 보았습니다."

우리의 모든 축복의 원천은 그리스도 안에 있으며, 실제로 그리스도께서 오실 때 실제화될 것이다. 우리 영혼이 하늘에 속한 영성으로 살 때 우리는 지금 그 천상의 세계 안에서 살 수 있으며, 그곳으로 들어갈 소망의 광채와 복됨을 내다보면서 영적으로 기쁨을 만끽할 수 있다. 이것을 제대로 이해하려면 나는 주 예수 그리스도의 위격 뿐만 아니라 십자가에서 완료하신 사역을 이해해야 한다. *그리스도께서 이제 나의 권리다.* 나는 그리스도의 죽음에 의해서 내 모든 죄들이 완전히 제거되었으며, 또한 그리스도께서 행하신 일이 하나님을 완전히 영화롭게 했으며, 그분은 사람으로서 하나님의 우편에 자신의 자리를 얻으셨고, 그로 인해서 나에게 거처를 마련할 수 있었음을 알고 있다. 그리스도는 "아버지여 때가 이르렀사오니 아들을 영화롭게 하사"(요 17:1)라고 말씀하실 수 있었다. 거기서 우리는 관계(relationship)를 볼 수 있다. 이어서 그리스도는 "아버지께서 내게 하라고 주신 일을 내가 이루어 아버지를 이 세상에서 영화롭게 하였사오니 아버지여 창세 전에 내가 아버지와 함께 가졌던 영화로써 지금도 아버지와 함께 나를 영화롭게 하옵소서"(요 17:4,5)라고 말씀하셨다.

그런 것이 완성된 사역에 근거해서 주어지는 권리다. 그리스도께서는 나를 위해 그 사역을 완성하셨다. 그리스도는 아버지께로 가셨으며, 이제 그리스도 안에 아버지께로 가는 길이 있다. 그리스도는 그 축복이 우리를 위한 현재적인 선물임을 느끼게 해주고자 하셨다. 마치 거울을 통해서 보는 것처럼 희미하게 보일 수 있다는 점을 나도 전적으로 인정한다. 그러나 내가 장차 하늘에서 얻게 될 것들은 여기 이 땅에 계시되지 않았던 것들이 결코 아니다. 내가 그 영광을 보지 못하였을지라도, 만일 내가 아버지의 사랑을 거기서 내가 누릴 나의 분복으로 말할 수 있다면, 그것은 지금 내게 그리스도를 주셨기 때문이다. 만일 그것이 나의 권리에 속한 것이라면, 그것은 새로운 것이 아니라 그리스도의 사역과 피 흘림으로써 확보된 것이다. 만일 영생의 문제라면, 나는 지금 하나님의 아들 안에서 영생을 가지고 있다. (장차 영생이 충만한 모습으로 나타날 것이다.) 그것이 누리는 문제이든 아니면 자격의 문제이든, 비록 우리가 그것을 온전히 이해할 수 없을지라도 우리는 그것을 지금 가지고 있다. 하늘의 복됨에 대한 그리스도 자신의 생각을 따라서 나는 지금 그것을 가지고 있다고 말할 수 있다니, 이 얼마나 놀라운 일인가. 그리스도께서는 아버지의 이름을 계시하고 있었다. "내가 아버지의 이름을 그들에게 알게 하였고 또 알게 하리니."(요 17:26) 이제 그리스도께서 그들에게 말씀하고자 하시는 것은 이것이다. 즉 "이제 너희는 나의 기쁨과 나의 즐거움의 대상이신 아버지를 보았노라.

나는 이 땅을 거닐면서 아버지와 함께 거닐었고 또한 나는 아버지와 하나였느니라. 나는 너희를 아버지와 함께 하는 이런 관계 속으로 이끌고자 했으며, 너희에게 아버지를 계시하였노라." 내가 장차 하늘에서 얻을 것 곧 아들 안에서 계시된 아버지를 이 땅에서부터 모시고 있었다고 과연 우리는 말할 수 있는가? 하나님의 아들을 아는 지식을 통해서, 마음의 확신을 가지고, 아버지와 함께 있는 당신 자신을 발견할 수 있다면, 이 얼마나 영혼의 평온을 주는 일인가! 당신의 마음은 진정 그런 평온을 누리고 있는가? 당신의 마음은 실제로 하나님을 아버지로 생각하며 기쁨으로 가득해지는 것을 느끼고 있는가? 뿐만 아니라 하나님 아버지를 예배하는 기쁨을 누리고 있는가? 이러한 관계를 아는 지식이 선명하면 할수록, 예배는 더욱 깊어지고, 충만해질 것이다. 그리스도께서 길이다. 당신은 과연, "나는 이미 그 길에 들어섰습니다. 그리스도께서 나를 아버지께로 이끌어주셨습니다"라고 말할 수 있는가? 그렇다. 이 일은 이 세상에서 시작되는 것이다. 장차 우리가 들어갈 그곳에 새로운 것은 없을 것이다. "나를 본 자는 아버지를 보았느니라." 과연 우리 마음은, "나는 그리스도 안에서 아버지를 만났습니다"라고 말할 수 있는가? 그런 것이 주님이 말씀하고자 하셨던 바였다. 그 때에는 지금보다 아는 것이 많지 않았다. 왜냐하면 아직 성령께서 오시지 않았기 때문이다.

이 장의 두 번째 부분, 즉 우리 속에 있는 능력은 15절에서 시작된다. 주님은 "내가 더 이상 이 세상에 있을 수 없으니, 너희와 함께 거하실 분을 보내주리라"고 말씀하셨다. 성령께서 우리 안에 거하시는 분으로 소개되고 있는 것이다. 그리스도는 그들 앞에 있었고, 그들은 그분을 볼 수 있었다. 그리스도에게서 세상에 나온 모든 것은 하나님과 그분의 말씀과 그분의 행사의 나타남이었고, 세상은 하나님께서 세상에 오셨다는 사실을 믿도록 요청을 받았다. 그들의 비참한 처지와 그들의 필요를 채우시는 하나님의 선하심이 나타난 복된 증거였지만, 그들은 그분을 영접하고자 하지 않았다. 그렇기 때문에 세상은 성령을 받지 못하며, 그분을 볼 수도 없고 알 수도 없다. 성령의 임재에는 열매가 나타날 것이지만, 성령의 존재는 볼 수 없을 것이다. 성령께서 오셨을 때, 제자들에게 능력을 덧입혀주는 권능이 임했다. 성령이 일하시는 곳에는 은혜의 열매가 나타났는데, 그러한 것들이 오히려 더할 나위 없는 증거였다. 왜냐하면 하나님이 허락하시면, 악인도 기적을 행할 수 있고 또한 나귀도 말을 할 수 있기 때문이다. 그러므로 성령님은 성령께서 그 속에 거하시는 곳에서만 알려지신다. 성령이 임재하시는 효력은 이렇다. 즉 "내가 너희를 고아와 같이 버려두지 아니하고 너희에게로 오리라"(요 14:18)는 것이었다. 성령님은 그리스도를 우리 마음에 모셔오고, 그분은 우리 마음에 거하신다. "조금 있으면 세상은 다시 나를 보지 못할 것이로되 너희는 나를 보리라." 이 일은 "이는 내가 살아 있고 너희도 살아 있겠음이라"(요 14:19)는 말씀과 연결되어 있음을 주목하라. 신적인 생명의 능력이 죽음을 이기고 승리했기에, 한 사람이 그리스도를 믿으면 그리스도께서는 성령의 임재와 권능을 통해서 그 사람의 마음에 더 가까이, 더 친밀하게 다가오실 뿐만 아니라 그리스도께서 지상에 계실 때보다 오히려 더 가까이 임하신다. 눈으로 그리스도를 보는 것은 아니지만, 그분께서는 "나는 너희와 함께 그리고 너희 속에 있게 될 것이며, 더 나은 방식으로 함께 할 것이다. 세상은 결코 볼 수 없고 알 수도 없을 것이다"라고 말씀하신다. 성령께서는 이러한 것들을 세상에 증언하는 일을 하신다. 성령은 세상의 영접을 받고자 이 세상에 오신 것이 아니라, 믿는 자들 속에 거하기 위해 오셨다. 그러므로 성령께서 임하시는 순간, 성령님은 그리스도를 신자의 마음 속에 거하게 하신다(엡 3:17). 이로써 그리스도와 우리의 직접적인 교통이 확립된다. 그리스도께서 성령의 권능과 임재를 통해서 우리에게 오시는 것이다. "나를 사랑하사 나를 위하여 자기 자신을 버리신"(갈 2:20) 그리스도께서 나를 그분의 피로 구속하셨고, 그분의 피로 나를 깨끗하게 하셨으며, 나를 위해 필요한 모든 일을 이루셨다. 그 결과, 나는 그리스도를 얻게 되었다. 나는 그분이 들어와 살기엔 비천한 그릇에 불과하지만, 그러나 우리가 그리스도의 보혈로 말미암아 정결하게 되었을 때 하나님에게 적합한 존재가 되었으며, 그리스도께서 오셔서 내 안에 거하실 수 있을 정도로 거룩한 그릇이 되었다. 우리 영혼은 이런 것들을 얼마나 알고 있는가? 그리스도는 나를 고아처럼 내버려두지 않으셨고, 다시 오셨다. 나는 그리스도를 소유하며, 그리스도의 음성을 듣는 것이 무엇인지 알고 있다. 세상에서 나는 고난을 당하지만, 그리스도 안에 있는 평안을 누리는 것이 무엇인지 알고 있다. "너희는 나를 보리니 이는 내가 살아 있고 너희도 살아 있겠음이라."(요 14:19) 그리스도께서 우리 안에, 영생의 능력으로 거하신다. 그러므로 내가 죽으려면, 먼저 그리스도께서 죽으셔야만 한다. 내가 가진 생명은 이것이다. 곧 "이제는 내가 사는 것이 아니요 오직 내 안에 그리스도께서 사시는 것이라."(갈 2:20) 이런 고백을 할 수 있다니, 이 얼마나 굉장한 일인가! 그리스도는 죽음을 이기셨고, 그 모든 사망의 결박을 끊어버리셨다. 그리스도는 사람으로서 사셨다. 만일 그리스도께서 모든 것을 이기고 승리하는 삶으로 산다면, 나 또한 살 것이다. 우리가 행복하기를 간절히 바라시는 그리스도의 입술로부터 이런 말씀을 듣는 일은 얼마나 복된 일인가! 그리스도는 "걱정하지 말라. 나는 너희를 위하여 처소를 예비하러 간다. 잠시 후에 내가 너희에게로 와서 나 자신을 너희에게 나타내리라. 내가 너희를 고아처럼 버려두지 않을 것이다"라고 말씀하셨다.

"그 날에는 너희가 알리라."(20절) 신자인 나는 주 예수 그리스도를 안다. 여기 이 땅에서 겸손하셨던 사람이신 그리스도는 하늘에 올라가셨기에, 신자는 그리스도 안에 있는 자신을 보고 또 자기 안에 계신 그리스도를 본다. 우리는 하나님 앞과 세상 앞에 서계시는 그분의 자리에 대한 의식(the consciousness of His standing before God and before the world)을 가지고 있다. 나는 그리스도 안에 있는 자리 - 이 얼마나 놀라운 자리인가! - 아버지의 기쁨이 머무는 자리를 가지고 있다. 그 자리는 그리스도의 순종과 그리스도의 완전함과 그리스도께서 하나님을 영화롭게 해드린 일을 기뻐하는 자리다. 그 자리는 그리스도 자신 안에 있는 자리이며, 그리스도와 하나님 아버지 사이에 사랑과 애정이 넘쳐 흐르는 자리다. 그리고 우리와 하나님 아버지 사이에도 사랑과 애정이 넘쳐 흐르는 자리다. 이를 위해 그리스도는 "내 아버지 곧 너희 아버지, 내 하나님 곧 너희 하나님"(요 20:17)이라고 말씀하셨다. 사랑하는 형제자매들이여, 우리는 동시에 세상 앞에서 우리가 어떠한 존재인지를 생각해야 한다. 만일 내가 그리스도 안에 있다면, 그리스도는 내 안에 계신다. *그렇다면 내가 해야 할 일은 그리스도의 삶을 재현하는 것이어야 한다.* 그럴 때 다른 사람들이 내 행동과 행실과 정신을 통해서 그리스도를 보게 될 것이다. 내가 그리스도 안에 있고 또 그리스도께서 내 안에 계시다는 것을 나는 알고 있으며 또 이런 것이 내가 그리스도와 맺고 있는 현재적인 관계라는 사실을 기쁨으로 말할 수 있다는 것은 얼마나 큰 축복인가! 우리를 그리스도와 함께 아들들로 삼으시는 것이 하나님의 기쁨이다. 그리스도의 사역은 우리를 하나님 앞에서 깨끗하고 정결하게 하는 일을 완전하게 마치셨기 때문에, 성령께서 우리 안에 임하실 수 있었고, 그 결과 성령께서 우리 영혼 속에 거하신다는 그 거룩한 임재 의식을 우리에게 주신다. 이러한 임재 의식은 우리의 행실을 하늘에 속한 자가 되게 만든다. 우리는 우리가 가는 곳을 알고, 우리는 그 길을 알며, 우리는 아버지와 아들을 알고 있다. 그리고 이제 우리는 이 모든 것을 현재직인 우리의 복으로 인식하려면, 성령의 내주가 있어야 한다는 것을 알게 되었다.

이제 그리스도는 아버지께로 가는 길을 실제화시킬

수 있는 방법을 설명하고자 하신다. 순종이 그 길이다 (obedience is the path). 그리스도는 내 안에 거하시며 나를 위로하실 뿐만 아니라 순종하는 길에서 그 실제를 더욱 확실하게 드러내신다. 그리스도를 사랑하는 사람들의 특징은 순종의 삶으로 나타날 수밖에 없다(21절). 우리가 이처럼 친밀한 관계에 들어가게 되면, 서로 사랑한다는 표시는 당신이 사랑하는 사람의 마음 속 깊은 소원을 아는데 이르게 된다는 것이다. 그리스도를 소중히 여긴다면, 거기엔 그리스도께서 이 세상을 향해 관심하고 있는 것에 대한 관심이 생긴다. "내가 이런 일을 할 수 있을까?"가 아니라 "이 일이 그분에게 기쁨이 될까?"가 된다. 많은 그리스도인들이 그리스도의 계명을 지키지 않고 있다. 왜 그런가? 왜냐하면 세상에 속한 것들을 너무 많이 가지고 있기 때문이다. 만일 우리가 아침에 깨어나자마자 귀를 연다면 우리는 그리스도의 계명을 받게 될 것이며, 그리스도의 마음을 알게 될 것이며, 또한 그리스도의 소원을 품게 될 것이다. 만일 내가 아버지의 뜻을 생각하고 신경을 쓰기만 한다면, 아버지의 소원하시는 바를 발견할 수 있다. 물론, 그것들을 알고 있지만 지키지 않는 사람은 더 나쁘다. 하나님을 사랑하는 자는 "여호와의 친밀하심 또는 하나님의 비밀(the secret of the LORD, 시 25:14)"을 알게 된다. 그리스도의 기쁨과 은혜를 나타내지 못하는 그리스도인들이 있지만, 그들을 위해 따로 준비된 것이 있다. 우리는 매우 연약한 존재다. 우리의 마음은 진실하지 않을지라도 주님의 마음은 항상 진실하다. 만일 우리가 주님을 사랑한다면 우리는 주님의 소원과 마음에 합한 것들을 행하고 싶어 할 것이다. 만일 내가 그분을 기쁘시게 할 수만 있다면 나는 만족할 것이며 또한 내 마음이 순종하며 걷고 있었기 때문에 현재적인 그리스도의 기쁨을 향유하게 될 것이다. 이 길을 걷고 있을 때, 하늘에 속한 것들에 대한 기대가 솟아오른다. 아버지와 아들이 와서 거처를 함께 하실 것이다(23절). 우리에겐 이러한 나타남이 얼마나 부족한가! 주의 마음은 이러한 사람들에게 있기에, 그들은 여기서 행복하지 않을 수 없다. 그들은 아버지와 함께 있는 복을 열망할 것이며, 그러면 "그대가 여기 와서 거처를 우리와 함께 하게 될 때까지, 우리가 그대에게 가서 그대 속에 거하리라." 이런 일이 이 길에 있는 사람들에게 일어날 것이다.

그리스도께서 27절에서 말씀하신 것에 주목하라. 그리스도는 평안을 창출하셨을 뿐 아니라 "나의 평안을 너희에게 주노라"고 말씀하셨다. 이 일은 그리스도께서 항상 하시는 일이다. 그리스도는 우리를 자신과 함께 할 수 있는 자리로 인도하셨다. 그렇다면 그리스도의 평안은 무엇이었는가? 그리스도는 이곳에 있는 동안에도 아버지와 끊임없는 교통을 누리셨으며, 아버지의 기뻐하심이 늘 함께 하는 기쁨을 맛보셨다. 그리스도는 제자들이 "알지 못하는 먹을 양식이" 있었고, 모든 사람들이 자신을 거절하는 곳에서도 기쁨을 누리셨다. 이런 것이 아버지와 완전한 교통을 누리는 가운데서 맛보는 평안이다. 그리스도는 우리를 이러한 자신의 자리에 넣어주셨고, 우리는 아버지와 함께 하는 사귐 속에 있다. 우리가 아버지와 함께 하는 그 친밀한 사귐을 누리며 행복감에 젖게 될 때, 우리는 이러한 그리스도의 평안을 맛보게 될 것이며, 마태복음 11장 29절과 같이 우리 마음이 쉼을 얻게 될 것이다. 자아 의식이 깨진 곳에는 그리스도의 뜻과 그분의 계명을 지키는 것 외엔 일절 다른 뜻이 없게 되며, 그럴 때 그리스도의 평안이 찾아오게 된다. 이러한 사람이 누리는 평안과 교통을 방해할 수 있는 것은 아무 것도 없다. 순종과 교통 속에서 이 세상을 순례자처럼 통과하는 성도는, 자기 의지가 없고, 완전한 평안을 누리며, 그리스도께서 이 세상을 사는 동안 맛보고 누릴 수 있었던 그 평안을 맛보고 누린다! 그리스도의 사랑이 그분이 소유했던 모든 것을 우리에게 주시는 이유다. 즉 은혜에 의해서 아들들로서 동일한 자리에 들어가며, 하늘에서, 영광에서 동일한 자리에 들어가는 것이다. 그리스도의 마음은 우리에게 복을 주시는 일에 온통 쏠려 있다. 필요하다면 그리스도는 우리를 징계하는 일을 하실 것이다. 그럼에도 그분은 우리가 그리스도 안에 있으며 또한 그리스도께서 우리 안에 거하신다는 영적인 의식을 주신다. 세상은 후하게 주는 듯 보여도, 곧 세상이 주는 모든 것은 물거품처럼 사라져버린다. 그리스도께서는 결코 그렇게 하지 않으신다. 그리스도는 자신이 누리고 있는 기쁨 속으로 우리를 넣어주신다. 왜냐하면 그분의 사랑이 완전하기 때문이다. 그분은 우리를 자신이 있는 곳으로 이끌어주심으로써 자신이 누리고 있는 기쁨을 우리 또한 누리게 해주신다.

한 가지 더 생각해볼 것이 있다. 어쩌면 그것은 모든 것 가운데 가장 경이로운 것일 수 있다. 즉 길이신 그리스도는 그분의 마음이 얼마나 우리와 연합되어 있는지, 그리고 우리와 그 길을 얼마나 완전히 연결시키고 있는지를 보여주신다. 우리는 그분을 우리의 모든 예배를 받으시기에 합당하신 분으로 경배하긴 하지만, 그분이 우리에게 사랑을 베푸시는 만큼 그분은 우리를 자신과 연합시키시는 일을 하시며 또한 우리가 그분의 행복 안에서 풍성한 기쁨을 누리기를 더욱 바라신다(28절). 우리에게 주신 자리는 얼마나 좋은 자리인가! 우리는 이제 "그리스도께서 영광을 받으셨기에, 나는 행복합니다"라고 말할 수 있게 되었다. 우리를 사랑하셨고 또한 우리를 행복하게 해주신 그리스도께서 만족하셨기에 우리의 마음 또한 만족스럽다! 우리는 그분에게 합당한 영광 속에 계신 그리스도를 보며, 또한 만족함을 느낀다. 그리스도는 "너희가 너희 자신만을 생각한다면 너희는 슬픔을 느낄 수밖에 없다. 그러나 너희가 나를 생각한다면 너희는 몹시 기뻐하게 될 것이다"라고 말씀하신다. 그리스도께서는 우리가 그분의 행복 속에 잠겨 함께 기뻐하기를 바라신다! 우리의 마음이 과연 거기까지 닿았다면, 우리는 그리스도의 사역의 충만함 속에서 쉼을 누릴 것이며, 이 세상에서 그분의 평안과 기쁨을 맛보게 될 것이고, 이로써 우리는 그분의 영광에만 관심을 쏟게 될 것이다. 당신은 당신 마음의 상태가 항상 거기에만 관심을 쏟는, 과연 그런 자리를 받아들이고자 하는가? 그리스도께서 속량의 역사를 이루신 것은 "선한 일을 열심히 하는 특별한 백성"(딛 2:14)을 얻으려는 것임을 잊지 말자.

그리스도께서 당신을 그분 자신에게로 이끄신 것은 당신의 마음을 온통 그분의 관심으로 가득하게 하고, 또한 당신의 생각과 행동 등 모든 것을 그분을 위해 쏟게 하려는 것이다. 내가 확신하건대, 우리는 우리 자신의 약점과 연약함을 곧 보게 될 것이다. 그러나 요점은 우리는 과연 세상을 벗어나 (단지 세상의 쾌락만을 버리는 것이 아니라 세상의 염려까지 버리고서) 그리스도와 함께 하는 것만으로 충분하다고 느끼고 있는가, 그리스도께서 우리 마음의 일상적인 생각 속에서도 큰 자리를 차지하고 있는가에 있다. 나의 눈이 말로 표현할 수 없는 그리스도의 복됨을 향해 열리면 열릴수록, 나는 더욱 작아지고 또한 연약해짐을 느끼게 될 것이다. 하지만 우리가 아침에 일어나서 밤에 잠자리에 들 때까지, 우리의 마음이 그리스도와 함께 하고 있으며, 구속받은 자로서 우리가 향해 가고 있는 그 자리, 곧 그리스도께서 우리 안에 계시고 또 우리 자신이 그리스도와 동일시되고 있다는 의식을 가지고 살아간다면, 그것으로 충분하다. 성령께서 오신 것은 우리로 하여금 그 자리가 어떠한 자리인지를 알게 해주시려는 것이었다. 주님께서 우리에게 근면한 마음을 주셔서, 길이요 진리요 생명이신 그리스도를 묵상하게 해주시고 또한 우리의 마음을 그분과 연합되게 해주심으로써 그리스도께서 우리로 하여금 들어가도록 이끌어주신 아버지 앞에 있는 그 자리를 더욱 실제적으로 알게 해주시길 바란다. 아멘.

형제들의 집 도서 안내

1. 조지 뮐러 영성의 비밀
   조지 뮐러 지음/이종수 옮김/값 1,000원
2. 수백만을 감동시킨 사람을 감동시킨 바로 그 사람: 헨리 무어하우스
   존 A. 비올리 지음/이종수 옮김/값 1,000원
3. 내 영혼의 만족의 노래
   W.T.P 월스톤 지음/이종수 옮김/값 1,000원
4. 모든 일을 하나님의 영광을 위하여 하라
   해리 아이언사이드 지음/이종수 옮김/값 1,000원
5. 잃어버린 영혼을 위해서 어떻게 기도해야 하는가
   오스왈드 샌더스, 찰스 스펄전 지음/이종수 옮김/값 1,000원
6. 윌리암 켈리의 칭의의 은혜(개정판)
   윌리암 켈리 지음/이종수 옮김/값 6,000원
7. 이것이 거듭남이다(개정판)
   알프레드 깁스 지음/이종수 옮김/값 9,000원
8. 존 넬슨 다비의 영성있는 복음
   존 넬슨 다비 지음/이종수 옮김/값 5,000원
9. 로버트 클리버 채프만의 사랑의 영성(개정판)
   로버트 C. 채프만 지음/이종수 옮김/값 7,000원
10. 영성을 깊게 하는 레위기 묵상
    C.H. 매킨토시 외 지음/이종수 옮김/값 5,000원
11. 존 넬슨 다비의 성경주석: 빌립보서
    존 넬슨 다비 지음/이종수 옮김/값 5,000원
12. 존 넬슨 다비의 히브리서 묵상(개정판)
    존 넬슨 다비 지음/정병은 옮김/값 11,000원
13. 조지 커팅의 영적 자유
    조지 커팅 지음/이종수 옮김/값 4,000원
14. 윌리암 켈리의 해방의 체험(개정판)
    윌리암 켈리 지음/이종수 옮김/값 4,500원
15. 존 넬슨 다비의 성경주석: 골로새서(개정판)
    존 넬슨 다비 지음/이종수 옮김/값 8,000원
16. 구원 얻는 기도
    이종수 지음/값 5,000원
17. 영혼의 성화
    프랭크 빈포드 호올 지음/이종수 옮김/값 1,000원
18. 당신은 진짜 거듭났는가?
    아더 핑크 지음/박선희 옮김/값 4,500원
19. C.H. 매킨토시의 완전한 구원(개정판)
    C.H. 매킨토시 지음/이종수 옮김/값 5,500원
20. 존 넬슨 다비의 하나님의 뜻을 분별하는 법
    존 넬슨 다비 지음/이종수 옮김/값 1,000원
21. 존 넬슨 다비의 성경주석: 요한계시록
    존 넬슨 다비 지음/이종수 옮김/값 10,000원

22. 주 안에 거하라
해밀턴 스미스, 허드슨 테일러 지음/이종수 옮김/ 값 1,000원
23. C.H. 매킨토시의 하나님의 선물
C.H. 매킨토시 지음/이종수 옮김/값 4,000원
24. 존 넬슨 다비의 성경주석: 에베소서
존 넬슨 다비 지음/이종수 옮김/값 8,000원
25. 존 넬슨 다비의 영적 해방
존 넬슨 다비 지음/문영권 옮김/값 7,000원
26. 건강하고 행복한 그리스도인이 되는 법
어거스트 반 린, J. 드와이트 펜테코스트지음/ 값 1,000원
27. 존 넬슨 다비의 성경주석: 로마서
존 넬슨 다비 지음/문영권 옮김/값 12,000원
28. 존 넬슨 다비의 성화의 길
존 넬슨 다비 지음/이종수 옮김/값 4,500원
29. 기독교 신앙에 회의적인 사랑하는 나의 친구에게
로버트 A. 래이드로 지음/박선희 옮김/값 5,000원
30. 이수원 선교사 이야기
더글라스 나이스웬더 지음/이종수 옮김/값 5,000원
31. 체험을 위한 성령의 내주, 그리고 충만
조지 커팅 지음/이종수 옮김/값 4,500원
32. 존 넬슨 다비의 성경주석: 갈라디아서
존 넬슨 다비 지음/이종수 옮김/값 4,800원
33. 존 넬슨 다비의 성경주석: 요한서신서 · 유다서
존 넬슨 다비 지음/문영권 옮김/값 8,000원
34. 존 넬슨 다비의 성경주석: 데살로니가전 · 후서
존 넬슨 다비 지음/이종수 옮김/값 8,000원
35. 그리스도와의 연합과 구원(성경공부교재)
문영권 지음/값 2,500원
36. 그리스도와의 연합과 성화(성경공부교재)
문영권 지음/값 3,000원
37. 사도라 불린 영적 거장들
이종수 지음/값 7,000원
38. 당신은 진짜 하나님을 신뢰하는가(개정판)
조지 뮬러 지음/ 이종수 옮김/값 5,500원
39. 그리스도와 연합된 천상적 교회가 가진 영광스러운 교회의 소망
존 넬슨 다비 지음/ 문영권 옮김/ 값 13,000원
40. 가나안 영적 전쟁과 하나님의 전신갑주
존 넬슨 다비 지음/ 이종수 옮김/ 값 2,000원
41. 죄 사함, 칭의 그리고 성화의 진리
고든 헨리 해이호우 지음/ 이종수 옮김/ 값 2,000원
42. 하나님을 찾는 지성인, 이것이 궁금하다!
김종만 지음/ 값 10,000원

43. 이것이 그리스도의 심판대이다
    이종수 엮음/ 값 8,000원
44. 존 넬슨 다비의 성경주석: 마태복음
    존 넬슨 다비 지음/이종수 옮김/값 16,000원
45. C.H. 매킨토시의 하나님에 관한 진실
    C.H. 매킨토시 지음/이종수 옮김/값 1,000원
46. 존 넬슨 다비의 성경주석: 여호수아
    존 넬슨 다비 지음/문영권 옮김/값 8,000원
47. 찰스 스탠리의 당신의 남편은 누구인가
    찰스 스탠리 지음/이종수 옮김/값 4,000원
48. 존 넬슨 다비의 성령론
    존 넬슨 다비 지음/이종수 옮김/값 13,000원
49. 존 넬슨 다비의 영적 해방의 실제
    존 넬슨 다비 지음/이종수 옮김/값 5,000원
50. 존 넬슨 다비의 주요사상연구: 다비와 친구되기
    문영권 지음/값 5,000원
51. 존 넬슨 다비의 죽음 이후 영혼의 상태
    존 넬슨 다비 지음/이종수 옮김/값 5,000원
52. 신학자 존 넬슨 다비 평전
    이종수 지음/ 값 7,000원
53. 존 넬슨 다비의 요한복음 묵상
    존 넬슨 다비 지음/이종수 옮김/값 8,000원
54. 프레드릭 W. 그랜트의 영적 해방이란 무엇인가
    프레드릭 W. 그랜트 지음/이종수 옮김/값 4,500원
55. 홍해와 요단강을 통해서 나타난 하나님의 구원
    윌리암 켈리 지음/ 이종수 옮김/ 값 4,800원
56. 그리스도와의 연합을 위한 성령의 역사
    윌리암 켈리 지음/ 이종수 옮김/ 값 19,000원
57. 누가, 그리스도인가?
    시드니 롱 제이콥 지음/ 박영민 옮김/ 값 7,000원
58. 선교사가 결코 쓰지 않은 편지
    프레드릭 L. 코신 지음 / 이종수 옮김/ 값 9,000원
59. 사랑의 영성으로 성자의 삶을 살다간 로버트 채프만
    프랭크 홈즈 지음 / 이종수 옮김/ 값 8,500원
60. 므비보셋, 룻, 그리고 욥 이야기
    찰스 스탠리 지음 / 이종수 옮김/ 값 7,500원
61. 구원의 근본 진리
    에드워드 데넷 지음 / 이종수 옮김/ 값 6,500원
62. 회복된 진리, 6+1
    에드워드 데넷 지음/ 이종수 옮김/ 값 6,000원
63. 당신의 상상보다 더 큰 구원
    프랭크 빈포드 호올 지음/ 이종수 옮김/ 값 6,500원

64. 뿌리 깊은 영성의 그리스도인으로 사는 법
　　　　　　　　　찰스 앤드류 코우츠 지음/ 이종수 옮김/ 값 9,000원
65. 천국의 비밀 : 천국, 하나님 나라, 그리고 교회의 차이
　　　　　프레드릭 W. 그랜트 & 아달펠트 P. 세실 지음/이종수 옮김/ 값 7,000원
66. 존 넬슨 다비의 성경주석: 베드로전 · 후서
　　　　　　　　　　　　　존 넬슨 다비 지음/장세학 옮김/ 값 7,500원
67. 존 넬슨 다비의 영광스러운 구원
　　　　　　　　　　　　존 넬슨 다비 지음/이종수 엮음/ 값 15,000원
68. 어린양의 신부
　　　　　W.T.P. 월스톤 & 해밀턴 스미스 지음/ 박선희 옮김/ 값 10,000원
69. 성경에서 말하는 회심
　　　　　　　　　　　C.H. 매킨토시 지음/ 이종수 옮김/ 값 6,000원
70. 십자가에서 천년통치에 이르는 그리스도의 길
　　　　　　　　　　　　존 R. 칼드웰 지음/ 이종수 옮김/ 값 7,500원
71. 그리스도와의 연합이란 무엇인가?
　　　　　　　　　　　에드워드 데넷 지음/ 이종수 옮김/ 값 9,000원
72. 하늘의 부르심 vs. 교회의 부르심
　　　　　　　　　　　존 기포드 벨렛 지음/ 이종수 옮김/ 값 16,000원
73. 당신은 진짜 새로운 피조물인가
　　　　　　　　　존 넬슨 다비 외 지음/ 이종수 옮김/ 값 12,000원
74. 플리머스 형제단 이야기
　　　　　　　　　　　　앤드류 밀러 지음/ 이종수 옮김/ 값 14,000원
75. 바울의 복음, 그리스도의 영광의 복음
　　　　　　　　　　　존 기포드 벨렛 지음/ 이종수 옮김/ 값 9,000원
76. 악과 고통, 그리고 시련의 문제
　　　　　　　　　　　　　　　　　이종수 지음/ 값 9,000원
77. 요한계시록 일곱 교회를 향한 예언 메시지
　　　　　　　　　　　존 넬슨 다비 지음/이종수 옮김/ 값 18,000원
78. 영광스러운 구원, 어떻게 받는가
　　　　　　　　　　　존 넬슨 다비 지음/이종수 엮음/ 값 13,000원
79. 영광스러운 교회의 길
　　　　　　　　　　　존 넬슨 다비 지음/이종수 엮음/ 값 22,000원
80. 존 넬슨 다비의 성경주석: 디모데전후서, 디도서, 빌레몬서
　　　　　　　　　　　존 넬슨 다비 지음/이종수 옮김/ 값 15,000원
81. 성경을 아는 지식
　　　　　　　　　　　존 넬슨 다비 지음/이종수 엮음/ 값 18,500원
82. 십자가의 도
　　　　　　　　　　　존 넬슨 다비 지음/이종수 엮음/ 값 13,500원
83. 존 넬슨 다비의 성경주석: 고린도전후서
　　　　　　　　　　　존 넬슨 다비 지음/이종수 옮김/값 18,500원
84. 존 넬슨 다비의 성경주석: 사도행전
　　　　　　　　　　　존 넬슨 다비 지음/이종수 옮김/값 17,000원

85. 그리스도와의 연합을 위한 사도 바울의 기도
           존 넬슨 다비 지음/이종수 엮음/값 10,000원
86. 빌라델비아 교회의 길
           해밀턴 스미스 지음/이종수 옮김/값 10,000원
87. 무명한 자 같으나 유명한 존 넬슨 다비 전기
        윌리암 터너, 에드윈 크로스 지음/이종수 옮김/값 12,000원
88. 성경의 핵심용어 해설
         데이빗 구딩, 존 레녹스 지음/허성훈 옮김/값 9,000원
89. 존 넬슨 다비의 성경주석: 히브리서, 야고보서
           존 넬슨 다비 지음/이종수 옮김/값 17,500원
90. 존 넬슨 다비의 성경주석: 요한복음
           존 넬슨 다비 지음/이종수 옮김/값 17,000원
91. 신부의 노래
           해밀턴 스미스 지음/이종수 옮김/값 10,000원
92. 에클레시아의 비밀
           해밀턴 스미스 지음/이종수 옮김/값 10,000원
93. 존 넬슨 다비의 성경주석: 누가복음
           존 넬슨 다비 지음/이종수 옮김/값 13,500원
94. 예수 그리스도를 따라 맨 밑바닥까지 내려가는 아름다움
            조지 위그램 지음/이종수 옮김/값 7,000원
95. 존 넬슨 다비의 성경주석: 마가복음
            존 넬슨 다비 지음/이종수 옮김/값 8,000원
96. 죄 사함과 죄로부터의 완전한 자유
            조지 커팅 지음/이종수 옮김/값 7,000원
97. 성령의 성화
            윌리암 켈리 지음/이종수 옮김/값 6,500원
98. 하나님의 義란 무엇인가
            윌리암 켈리 지음/이종수 옮김/값 9,000원
99. 길이요 진리요 생명이신 그리스도
            윌리암 켈리 지음/이종수 옮김/값 6,500원
100. 보혜사 성령
           W.T.P. 월스톤 지음/이종수 옮김/값 24,000원
101. 존 넬슨 다비의 성경주석: 창세기
            존 넬슨 다비 지음/이종수 옮김/값 8,600원
102. 존 넬슨 다비의 성경주석: 이사야
            존 넬슨 다비 지음/이종수 옮김/값 9,400원
103. "그리스도와의 하나됨"을 통한 동일시의 진리란 무엇인가
       클라이드 필킹턴 주니어 책임편집/이종수 엮음/값 9,000원
104. 존 넬슨 다비의 성경주석: 다니엘
            존 넬슨 다비 지음/이종수 옮김/값 8,000원
105. 그리스도와의 하나됨을 통한 "양자 삼음의 진리"란 무엇인가
       클라이드 필킹턴 주니어 책임편집/이종수 엮음/값 11,000원

106. 순례자의 노래
존 넬슨 다비 지음/문영권 옮김/값 12,000원
107. 존 넬슨 다비의 성경주석: 에스겔
존 넬슨 다비 지음/이종수 옮김/값 8,800원
108. 성경공부교재 제1권 거듭남의 진리
이종수 지음/ 값 5,000원
109. 존 넬슨 다비의 성경주석: 잠언, 전도서, 아가서
존 넬슨 다비 지음/이종수 옮김/값 5,000원
110. 성경공부교재 제2권 죄사함의 진리
이종수 지음/ 값 6,500원
111. 최고의 영광으로의 부르심
클라이드 필킹턴 주니어 편집/이종수 엮음/값 9,000원
112. 존 넬슨 다비의 성경주석: 예레미야, 예레미야애가
존 넬슨 다비 지음/이종수 옮김/값 9,000원
113. 존 넬슨 다비의 새번역 신약성경(다비역 성경)
존 넬슨 다비 지음/이종수 옮김/값 35,000원
114. 존 넬슨 다비의 성경주석: 소선지서
존 넬슨 다비 지음/이종수 옮김/값 20,000원
115. 삼층천의 비밀
클라이드 필킹턴 주니어 책임편집/이종수 엮음/값 17,000원
116. 존 넬슨 다비의 침례의 더 깊은 의미
존 넬슨 다비 지음/이종수 옮김/값 8,000원
117. 존 넬슨 다비의 성경주석: 시편(상)
존 넬슨 다비 지음/이종수 옮김/값 13,000원
118. 존 넬슨 다비의 성경주석: 시편(하)
존 넬슨 다비 지음/이종수 옮김/값 14,000원
119. 여자의 너울에 대한 교회사의 증언
이종수 엮음/값 10,000원
120. 사랑하시는 자 안에서 우리를 열납해주신 하나님의 은혜의 영광
찰스 웰치 지음/이종수 옮김/값 10,000원
121. 존 넬슨 다비의 천국의 경륜이란 무엇인가
존 넬슨 다비 지음/이종수 옮김/값 10,000원

Originally published under the title of
"The Dispensation of the Kingdom of Heaven"
by John Nelson Darby
Copyright© Bible Truth Publishers
59 Industrial Road P.O. Box 649
Addison, IL 60101

Korean translation copyright
© 2011 by Brethren House, Korea
All rights reserved

존 넬슨 다비의
천국의 경륜이란 무엇인가

ⓒ형제들의 집 2011

초판 발행 • 2022.7.22
지은이 • 존 넬슨 다비
옮긴이 • 이 종 수
발행처 • 형제들의집
판권ⓒ형제들의집 2011
등록 제 7-313호(2006.2.6)
주소 • 서울시 도봉구 도봉로 150가길 23
Cell. 010-9317-9103
홈페이지 http://brethrenhouse.co.kr
E-mail: asharp@empas.com
ISBN 979-11-6914-028-7 03230

*값은 뒤표지에 있습니다.
*잘못된 책은 바꿔드립니다.
*서점공급처는 〈생명의말씀사〉 입니다. 전화(02) 3159-7979(영업부)